WERNER ABLASS

INSPIRATIONEN

Band 1

WERNER ABLASS

INSPIRATIONEN

Band I

NO ONE VERLAG

1. Auflage Oktober 2010

Lektorat: No One
Umschlaggestaltung: Ingrid Lill, Danmark
Satz und Gestaltung: Albert Eisenring, Suisse

ISBN: 978-3-942634-02-1

Druck: Books-on-demand GmbH, Norderstedt

NO ONE VERLAG
Fachverlag für non-duales Bewusstsein
Werner Ablass
Hartmannstraße 24
74336 Brackenheim-Stockheim
Telefon: 07135-933777
info@wernerablass.de
www.wernerablass-coaching.de

Für Dich

Inhaltsverzeichnis

Bewusstsein ist alles, was ist

Ramesh Balsekar

Vorwort

Was Du in diesem Buch lesen wirst, weißt Du bereits. Du hast es nur vergessen. Nicht deshalb, weil du es vergessen wolltest. Nein, du bist abgelenkt worden. Die Ablenkung heißt „Menschsein“.

Ganz im Gegensatz zu den meisten mir bekannten spirituellen Lehren halte ich diese Ablenkung nicht für verwerflich. Sie muss uns nicht einmal bewusst- oder gar überwunden werden. Sie liegt vielmehr in der Natur der Sache begründet. Wenn Du dich ganz und gar, sozusagen mit Leib und Seele, auf ein bestimmtes Projekt einlässt, benötigst du dafür deine gesamte Kapazität. Genauso verhält es sich mit dem „Projekt Menschsein“.

Deiner Natur nach bist Du aber kein Mensch, sondern Bewusstsein. Menschsein erscheint lediglich im Bewusstsein. Weil wir uns jedoch ganz und gar auf diese Erscheinung einlassen und einlassen müssen, geht uns der Blick für unsere wahre Natur verloren.

Wie bereits erwähnt, ist das überhaupt nicht problematisch. Es bedarf mitnichten der Befreiung von der Einbildung, Menschsein sei real. Die meisten Menschen leben mit dieser Vorstellung bis sie sterben. Da sie in Wahrheit Bewusstsein sind, verschwindet lediglich die menschliche Erscheinung.

Mit dem sogenannten Tod gibt es weder Belohnung noch Strafe. Denn alles was ist, ist Bewusstsein.

In manchen Menschen ereignet sich jedoch, was man im Allgemeinen *spirituelle Suche* nennt. Oftmals ist es irgendein Schock, der sie innehalten- und sie die Fragen nach ihrem Ursprung und dem Sinn des Lebens stellen lässt. Erst wenn sich Dir diese Fragen aufdrängen, werden Dir meine Texte wertvoll erscheinen. Denn sie erinnern Dich an die absolute Wahrheit oder an Deine wahre Natur.

Sich an seine wahre Natur zu erinnern und sie mehr als das Menschsein selbst zu genießen betrachte ich als eine Art Luxus, den sich Gott leistet. Es besteht wirklich nicht die geringste Notwendigkeit dazu. Denn es gibt nur Bewusstsein. Ob es sich als solches erkennt oder nicht, würde ich daher als *die schönste Nebensache der Welt* bezeichnen. Sollte sie Dir allerdings bestimmt sein, hast Du nicht die geringste Chance, Dich nicht auf sie einzulassen und sie nicht mehr als das Menschsein selbst zu genießen.

Ein vollkommener Ablass

Brauchst du einen vollkommenen Ablass? Ich meine wirklich einen VOLLKOMMENEN Ablass! Also einen, der dir die Sünden deiner Vergangenheit und auch die deiner Zukunft FÜR ALLE ZEITEN erlässt!

Dann bist du richtig bei mir!

Es gibt ja Leute, die sagen, dass der Name, mit dem man geboren wird, nicht bedeutungslos sei. Ich habe keine Ahnung, ob dem tatsächlich so ist, aber wie auch immer es ist – mit einem vollkommenen Ablass
kann ich aufwarten!

Es gab einige Leute im Vertrieb, die sagten, bevor mein erstes Buch erschien: „Kann man dem Ablass nicht ein Pseudonym verpassen? Der Name klingt so katholisch.“ Als es dann raus kann und sich gleich ziemlich erfolgreich verkaufte, fragte mich eine Buchhändlerin: „Schreiben Sie eigentlich unter einem Pseudonym? Der Name passt so gut zum Inhalt des Buches!“ Tja, so verschieden kann man diesen eigentümlichen Namen bewerten.

Als Kind wurde ich für ihn gehänselt und fürwahr, lange Zeit schämte ich mich für ihn und stellte mich daher ungern vor. Heute freue ich mich, dass ich so heißen darf. Denn mein Name ist nun Programm: Wer sich auf mich einlässt, kriegt einen Ablass. Und zwar für all seine Sünden. Selbst für die, die er noch gar nicht begangen hat.

Warum? Nun, ganz einfach, weil ich dir harte Fakten dafür liefern kann, dass du noch niemals etwas getan hast. Es ist nur das passiert, was in deinem Drehbuch stand und auch in Zukunft wird nur das geschehen, was in ihm steht. Du hast also keinerlei Verantwortung für dein Handeln, schlicht deshalb, weil der, welcher denkt, er würde handeln, auf Einbildung beruht und daher nicht existiert.

Daher kannst du dich für alles lieben. Für alles, was du jemals gedacht, gefühlt und getan hast. Das Verrückte ist, dass ich dies bereits empfahl, bevor ich mich davon überzeugen konnte, dass es keinen individuellen Handelnden gibt und geben kann. Meine Intuition war wieder mal schneller als mein Verstand. Das war aber häufig so in meinem Leben.

„Kriegt denn auch ein brutaler Serienmörder einen Ablass?" fragte mich kürzlich jemand. Aber natürlich, wenn es keinen individuellen Handelnden gibt, gilt das für jeden Menschen. Damit legitimieren wir nicht den Mord, ein Mörder muss freilich (wie ein Raubtier) weggesperrt werden, insbesondere, wenn die Gefahr der Wiederholung besteht, aber begangen hat er den Mord nicht und daher ist er auch nicht schuldig. Weil niemand was tut. Üble Taten, die gibt es natürlich, aber niemanden, der sie ausführt.

Legitimation zum Sündigen? Quatsch! Oder würdest du, wenn dir klar würde, dass es tatsächlich keinen individuellen Handelnden gibt, deinem Partner schlagen, wenn dir danach ist? Natürlich nicht, es sei denn, du wärst ein Psychopath. Dann wirst du aber selbst dann zuschlagen, wenn man dir unter Androhung von Strafe klarzumachen versucht, dass man seine Partnerkonflikte nicht mit Schlägen zu lösen vermag! Warum würde die Belehrung bei einem Psychopath nichts nützen? Weil niemand handelt, weil nur Programme ablaufen. Wissenschaftlicher klingt es natürlich, wenn man es so sagt wie Prof. Dr. Dr. Gerhard Roth: *Die subjektiv empfundene Freiheit des Wünschens, Planens und Wollens sowie der freie Willensakt ist „eine Illusion“.*

Der Hirnforscher Dr. Wolf Singer bläst ins selbe Rohr. Er sagt: *Ein Mörder hat das Pech eine zu niedrige Hemmschwelle zum Töten zu haben*, und ich füge hinzu: Im Grunde gibt es überhaupt keinen Mörder, es gibt nur Taten, die wir (völlig zu Recht) Morden nennen. Buddha formulierte es so: *Zwar gibt es Handlungen, aber keinen individuellen Handelnden.*

Daher: Wer auch immer du bist, was auch immer du getan hat oder tust, sobald dir das klar ist, kriegst du einen vollkommenen Ablass. Dafür musst du noch nicht einmal etwas bezahlen, denn ich bin kein katholischer Ablass-Verkäufer! In Wahrheit hast du nämlich noch niemals irgendetwas getan. Allerdings nicht nur nichts Böses, sondern auch nichts Gutes. Alles geschah ohne dich, denn du bist nur virtuell vorhanden. Daher kannst du dich weder schuldig fühlen noch auf irgendeine Tat stolz sein. Die Konsequenzen deines jeweiligen Handelns musst du natürlich trotzdem tragen.

Im Grunde genommen bleibt dir nur noch eins übrig: **Dich rundherum zu lieben!** Mit all deinen Stärken und Schwächen. Mit all den Unebenheiten, all deinen sogenannten Kanten und Ecken. Und natürlich auch mit all den Menschen, die dich umgeben, denn sie handeln ebenso wenig wie du.

Hey, welch ein Leben! Zum Verrücktwerden. Und genau das wird passieren. Du wirst ver-rückt! Vom selbstgebauten Gefängnis deiner Selbstanklagen auf den Planeten mit dem Namen: Freiheit TOTAL. Um dahin zu kommen brauchst du aber nen vollkommenen **Ablass**. Ohne den gibt's dort keinen **Einlass**. ☺

Agape ist ein Bewusstseinszustand

Die alten Griechen waren wirklich weise Menschen. Daher wussten sie drei Arten von Liebe zu unterscheiden. Eros nannten sie die „begehrliche Liebe“. Als Philia bezeichneten sie die „Liebe unter Freunden“. Agape nannten sie Liebe dann, wenn sie „objektlos“ war.

Weil wir Liebe in der Regel von Bedingungen, Vorstellungen und Erwartungen abhängig machen, wissen wir zumeist nicht, was Agape in Wahrheit ist. Hättest du beispielsweise Jesus bei der Tempelaustreibung erlebt – was meinst du: Wäre dir in den Sinn gekommen, dass Agape ihn dazu trieb, sich eine Geisel aus Stricken zu machen, die Tische der Wechsler umzustoßen, ihr Geld zu verschütten und sie mit Schlägen zu vertreiben? Würdest du Agape hinter einem Menschen vermuten, der die höchsten kirchlichen Würdenträger seiner Zeit als Heuchler, Narren, blinde Blindenleiter, Kinder der Hölle, Verblendete, Schlangen und Otterngezücht bezeichnet und sie mit übertünchten Gräbern vergleicht, voller Totengebeine und Unflat?

Stell dir vor, ich würde den Papst als verkorksten, hinterwäldlerischen Heuchler bezeichnen, dessen Lehren gläubige Menschen ihrer Freiheit berauben, sie versklaven und verblöden, (was übrigens meiner Meinung entspricht)! Würdest du in solchem Handeln Liebe erkennen? Die meisten Menschen würden mich vielmehr als aggressiven, inhumanen, überheblichen Taugenichts wahrnehmen.

Agape ist weder ethisch noch unethisch, weder freundlich noch unfreundlich. Sie ist wie die Natur, die keinen Unterschied macht zwischen einer friedlich grasenden Antilope und einem Löwen, der sie sich skrupellos als wohlschmeckende Mahlzeit einverleibt.

Jesus sagte: *Liebt eure Feinde!* Hat er sich an sein Gebot gehalten, als er die Pharisäer und Schriftgelehrten als übertünchte Gräber bezeichnete? Hätte ein wahrer Weiser nicht vielmehr Verständnis für die armen verirrten Schafe aufbringen- und jedes erdenkliche Mittel anwenden müssen, um sie aus der Gefangenschaft ihres verblendeten Verstandes zu befreien? Befahl er seinen Jüngern nicht: „Richtet nicht, auf dass ihr nicht gerichtet werdet?“ Übertrat er nicht sein eigenes Gebot, als er die Kleriker öffentlich eine Bande von Heuchlern nannte?

Agape macht uns nicht zu Weicheiern! Im Gegenteil: sie macht uns zu gesunden, intakten Menschen. Wer nicht zornig werden- und zu seinem Zorn stehen kann, wer immer nur für etwas-, jedoch nie gegen was ist, wer immer nur lächelt und niemals ärgerlich wird, wer immer nur positiv und niemals negativ ist, mag ja ein ganz netter Typ sein, in dessen Gesellschaft man sich nur allzu gern aufhält – der Ausdruck wahrer Liebe jedoch ist das nicht!

Agape ist unsere wahre Natur. Sie kann ebenso hassen wie lieben. Ebenso würdigen wie verachten. Ebenso tolerant wie intolerant sein. Ebenso kompromissbereit wie kompromisslos. Ebenso lachen wie weinen. Ebenso freundlich wie unfreundlich. Ebenso höflich wie unhöflich. Ebenso hilfsbereit wie verschlossen. Ebenso sanft wie knallhart.

Wer immer nur lieb ist oder lieb sein will, hat keinen blassen Dunst von Agape. Agape ist ein Feuer, das alles verbrennt, was ihr zu nahe kommt. Agape richtet sich nicht nach ethischen Maßstäben. Sie ist weder sozial noch asozial. Weder persönlich, noch unpersönlich. Weder Gott noch der Teufel. Sie tut weder was sinnvoll, noch was sinnlos ist. Agape entzieht sich der Welt polarer Begriffe.

Wenn du das Agape-Konzept in Anwendung bringst, wirst du kein Jünger der Liebe, sondern „natürlich". Kein Affe, der einen Weisen, Guru oder Heiligen nachahmt! Vielmehr wirst du zu dir, zu deiner Art, zu deinen Gefühlen stehen können. Kein Verbiegen, keine Heuchelei, kein Verhalten!

Deine wahre Natur ist akausal. Heißt: Sie ist unabhängig von Ursache und Wirkung. Sie funktioniert nach ihrem eigenen gesetzlosen Gesetz. Und daher kann sie in ihrem Ausdruck niemals anhand eines Verhaltenskodex beurteilt werden.

Agape ist objektlose Liebe, heißt: Sie liebt nicht, weil ihr ein Objekt gefällt. Sie liebt, weil sie Liebe ist. Wie sie zum Ausdruck kommt, unterliegt nicht ihrer Kontrolle, denn sie ist völlig unkontrolliert und auch unkontrollierbar. Bedingungslos nennt man sie deshalb, weil sie nicht an Bedingungen oder Interessen geknüpft ist. Unabhängig von den jeweiligen Umständen kommt sie schlicht zum Ausdruck. Und sie kümmert sich nicht um das Urteil anderer Menschen. Es ist ihr ebenso Jacke wie Hose. Sie beurteilt ihr Handeln noch nicht einmal selbst.

Immer wieder wird mir die Frage gestellt: Wie komme ich dahin, in allem zu lieben, die Liebe immer in mir zu spüren? Meine Antwort: **Gar nicht!** Agape ist ein Bewusstseinszustand, keine Emotion. Wäre sie Emotion, ja, dann müssten wir sie tatsächlich andauernd fühlen! Aber würdest du Liebe andauernd fühlen, würdest du lediglich zu einem Weichei, daher von skrupellosen Zeitgenossen untergebuttert und zu dem, was man unter einem Loser versteht.

Friedrich Nietzsche schreibt in seinem Buch *Der Antichrist*: „Zum Christentum (oder zur Religion der Liebe) muss man sich nicht bekehren... man muss nur krank genug sein.“

Religiöse Liebe ist nicht nur etwas für Kranke, sie macht dich auch krank. Ein gesunder Mensch hat nichts am Hut mit diesem religiösen Ideal, er kann sowohl hassen, wie lieben, weil sein Bewusstsein weder von Liebe, noch von Hass tangiert wird.

Agape ist ein Bewusstseinszustand, kein „liebes“ Gefühl. In diesem Bewusstsein vermag jedes Gefühl aufzutauchen, ohne es in irgendeiner Weise zu beeinflussen. Dieses Bewusstsein nennt man aus diesem Grund non-dual, weil es nicht von der Polarität der Gefühle abhängig ist. Gefühle werden ebenso wahrgenommen wie der Herzschlag oder der Atem. Was da ist, ist da und wird nie als problematisch empfunden.

Im Agape-Bewusstsein fragst du nicht, ob das, was du gerade fühlst, erfährst oder tust, richtig oder falsch ist. Diese Frage hat keinerlei Relevanz mehr für dich. Die Dinge geschehen wie sie geschehen, und das *Wie* bekümmert dich nicht.

Wenn du beginnst, dich in Agape zu üben, ist das Gefühl der Liebe noch wichtig für dich. Daher beginnen wir auch mit dem *Gefühl* objektloser Liebe. Ich habe wirksame Methoden entdeckt, um dieses Gefühl in dir erwecken zu können. Manche meiner Workshop-Teilnehmer bezeugen: „Ich hatte das Gefühl vor Liebe zu explodieren!“ Wenn du jedoch erst einmal ein Übender bist und die Übung verinnerlicht ist, wirst du keinen Wert mehr darauf legen, die Liebe zu fühlen. Warum? Nun, weil das Liebesgefühl von non-dualem Bewusstsein abgelöst wird. Das Gefühl objektloser Liebe bildet nur die Brücke zum Agape-Bewusstsein. Hast du sie überschritten, brauchst du sie nicht mehr. Selbst wenn sie hinter dir gesprengt werden würde, würde es dich nicht bekümmern.

Das ist das Ziel dieser Übung! Die „wunder"-vollen Gefühle der Liebe sind nur ein günstiger Nebeneffekt! Und das ist das Geniale bei dieser Übung: Sie vermag unseren Erlebniskosmos positiv zu verändern und führt **gleichzeitig** ins non-duale Bewusstsein.

Wahrscheinlich wirst du mir nicht glauben, wenn ich dir sage: Jesus lehrte weder Ethik, noch ging's ihm um Wunder! Er hatte nichts anderes als non-duales Bewusstsein im Sinn! Daher: Wenn du ihm wirklich nachfolgst, wirst du weder ein Strahlemann noch zu einem Jünger der Liebe, sondern wie er sein! Denn was ihn zu dem machte, was Gläubige heute an ihm bewundern, ist einzig non-duales Bewusstsein. Seine Wunder und Zeichen sollten nur auf diesen Meister non-dualen Bewusstseins aufmerksam machen. Bleibst du an ihnen hängen, verpasst du die Essenz seiner Botschaft.

Die Anerkennungsfalle

Wie wichtig ist dir, was andere Menschen über dich denken? Insbesondere solche, die dir nahe sind: Partner, Freunde, Verwandte, gute Bekannte, Kollegen.

Bist du down, wenn du hörst, dass man Dinge über dich denkt oder sagt, die (deiner Meinung nach) nicht stimmen? Zieht es dich runter, wenn man dir Anerkennung verweigert, stattdessen über dich herzieht, dich missversteht, deine Worte, dein Handeln unvorteilhaft interpretiert?

Zunächst: Es wäre ein Zeichen von Abgestumpftheit und Gleichgültigkeit, würde dich das überhaupt nicht berühren. Wenn solch ein Geschehen jedoch deine Stimmung länger als eine Minute beeinträchtigen kann, wenn es dir womöglich sogar schlaflose Nächte bereitet, dann definierst du dich und dein Leben noch über andere Menschen. Und dann befindest du dich in der Anerkennungsfalle – eine nicht unerhebliche Quelle des Leidens.

Wie kommt man aus dieser Falle raus? Als erstes sollte dir klar sein, dass andere Menschen, gleichgültig wie nah sie dir stehen, **nie mit dir selbst kommunizieren und du auch nicht mit ihnen!** Das ist völlig unmöglich, denn zwischen dir und dem anderen befindet sich immer ein sogenannter Wahrnehmungsfilter. Heißt: Was beim anderen ankommt, das bist niemals du, sondern seine Vorstellung, die er sich von dir macht. Selbst wenn du einen Menschen sehr gut kennst, womöglich schon dreißig Jahre lang täglich mit ihm zusammenlebst – was bei ihm ankommt, ist immer noch das Bild von dir, welches in seinem Wahrnehmungsfilter entstand.

Das gleiche Prinzip gilt natürlich auch im umgekehrten Fall: Auch du nimmst immer nur das Bild vom Anderen wahr, welches in deinem Wahrnehmungsfilter entsteht.

Wenn uns dies bewusst wird, ist der erste Schritt aus der Anerkennungsfalle gemacht. Der Grund: Wir können das, was der andere über uns denkt, nicht mehr *persönlich* auffassen, weil wir wissen, dass die Person lediglich auf das Bild von uns reagiert, welches in seinem Wahrnehmungsfilter entsteht. Dafür kann er nichts, es ist ein Geschehen, über das er aufgrund seiner Denkmuster, seiner Konditionierung keinerlei Kontrolle hat.

In vielen Situationen genügt diese Erkenntnis vollauf, um sich über das Handeln anderer Menschen nicht mehr zu ärgern oder zu versuchen, ihr Bild von uns mit allen Mitteln zu korrigieren. Sie können nicht anders, also was soll's?

Anders verhält es sich aber, wenn die Vorstellung anderer Menschen über dich dein Dasein nachhaltig beeinträchtigt. Wenn sie also beispielsweise dazu führt, dass dir die Person haltlose Vorwürfe macht, dir mit (aus deiner Sicht) unberechtigter Kritik begegnet, dich beleidigt, demütigt, Streit vom Zaun bricht, kurzum: Unfrieden stiftet. Solange es sich um Menschen handelt, die dir nicht allzu nahe stehen, magst du es tolerieren, da es dein alltägliches Leben nicht zu beeinträchtigen vermag. Handelt es sich aber um Menschen, mit denen du oft oder gar täglich zu tun hast, ist es natürlich belastend.

Warum fällt es uns so schwer, uns von Menschen zu distanzieren, die unserem Dasein eher schaden als nützen? Man mag viele Gründe aufzählen, die Wurzel jedoch ist immer dieselbe: Du glaubst tatsächlich an die Existenz der „Anderen". Aber in Wirklichkeit gibt es sie nicht.

Was bei dir ankommt, ist immer nur eine *Vorstellung* vom Anderen, nicht der Andere selbst.

Was immer in deiner Wahrnehmung auftaucht, bist du in deiner eigenen Vorstellungswelt, gleichgültig ob es sich um dich (deinen Körper) oder den Anderen (seinen Körper) handelt. Ich weiß, das klingt zunächst mal sehr befremdlich, es ist jedoch die logische Konsequenz, die sich aus dem Faktum ergibt, dass wir nur mit der Vorstellung, die wir uns vom Anderen machen, kommunizieren. Denn wenn das so ist, dann folgt daraus natürlich, dass auch das, was wir als unser „Ich" bezeichnen, Ergebnis unserer individuellen Wahrnehmung ist.

Du hast sicher schon einmal etwas vom „blinden Fleck" gehört, oder? Das ist eine Art „Wahrnehmungslücke" unserer selbst, die nur durch das Feedback anderer vervollständigt werden kann. Doch selbst dann, wenn wir bereit sind, uns durch die Augen anderer Menschen zu sehen – wer wir wirklich sind, wird auch dadurch nicht vollständig klar, sondern bleibt eine Vorstellung.

Wir können letzthin nur anerkennen, dass wir über das, was wir als Person wirklich sind, kein vollständiges Wissen besitzen. Alles was uns übrig bleibt, sind die bruchstückhaften Erkenntnisse, die wir über uns haben.

Wenn das aber so ist, dann kann es in unseren Beziehungen nicht um die Frage gehen, ob das, was an unschönen Dingen geschah, richtig oder falsch war, denn wenn du das zu klären versuchst, bleibst du in der Anerkennungsfalle gefangen. Warum? Weil du etwas zu klären versuchst, was unerklärbar ist. Woher willst du denn wissen, ob das, was der Andere tat, richtig oder falsch war? Woher willst du wissen, ob dein Verhalten richtig oder falsch war, wenn feststeht, dass wir es jeweils nur mit der bruchstückhaften Vorstellung zu tun haben, die wir vom Anderen und von uns selbst haben? Was dir richtig erscheint, mag für den Anderen falsch sein, was ihm richtig erscheint, mag für dich falsch sein. Es gibt schlicht keine Möglichkeit zur Klärung dieser Frage, denn unsere Vorstellungswelt ist und bleibt gefärbt durch unseren Wahrnehmungsfilter. Es gibt keine „objektiven" Kriterien, anhand derer zwei Menschen unzweifelhaft zum gleichen Ergebnis kommen müssen.

Daher ist die einzige Frage, die zur Disposition steht: Tut mir die Beziehung gut oder nicht gut? Tut sie dir nicht gut, gleichgültig aus welchem Grund, sag mir, welchen Grund sollte es geben, sie aufrecht zu erhalten? Du kannst sie natürlich aufrecht erhalten, objektiv betrachtet spricht nichts dagegen, dich fertig machen zu lassen oder den Anderen fertig zu machen, oder Euch gegenseitig fertig zu machen; es wäre jedoch ebenso möglich, dass du dich distanzierst. Entweder auf Zeit oder für immer.

Wenn dir vollständig klar ist, dass alle Personen, die in deinem Wahrnehmungsspektrum auftauchen, Teil deiner individuellen Vorstellungswelt sind, kannst du entscheiden, welche Beziehung du aufrecht erhalten willst und welche nicht. Die Entscheidung ist ähnlich derjenigen, ob du in München oder in Berlin wohnen willst. München ist nur solange Teil deines Wahrnehmungsspektrums, solange du dich dort aufhalten willst. Ziehst du um nach Berlin, existiert München in deinem Erlebniskosmos nicht mehr.

„Moment“, magst du entrüstet ausrufen, „Menschen sind schließlich keine Dinge, die man beliebig auswechseln kann!“ Ich antworte darauf. Eben deswegen solltest du gerade bei Personen eine Entscheidung treffen! Denn Dinge (Wohnorte, Wohnungen, Möbel) können dein Dasein nicht maßgeblich unterminieren, sehr wohl aber Menschen, denn insbesondere dann, wenn die Beziehung sehr eng und intim ist, dringen sie tief ein in deine Vorstellungswelt, vielmehr als ein „Ding“ jemals in dieselbe eindringen kann.

Voraussetzung ist, dass dir sonnenklar ist: Was ich wahrnehme, ist nur eine Vorstellung von mir und dem Anderen – nicht mehr.

Natürlich – dein Körper ist da und auch der des anderen, doch wirklich ist nur, DASS du offenbar Körper wahrnimmst; WIE du sie wahrnimmst, ist Teil deiner individuellen Vorstellungswelt.

Nun weiß ich aus eigener Erfahrung, dass die Entscheidung, sich von Menschen zu trennen, mit denen eine enge Beziehung besteht, nicht leicht fällt, selbst wenn manches dafür spricht, dass sie einem letzthin nicht gut tut. Der „Seelenkitt" ist oftmals so stark, dass unser Wille versagt.

Wenn dir aber erst einmal klar ist, dass nur eine individuell verschiedene Vorstellungswelt existiert, dass du und der andere also nur insofern real sind, als sie in deiner Wahrnehmung auftauchen, wird dir die Entscheidung nicht mehr so fürchterlich schwerfallen.

In der Anerkennungsfalle bleibst du nur dann gefangen, solange du den Anderen und dessen Beurteilung für real hältst. Ist dir klar, dass er nur in deiner Vorstellungswelt real ist, und dass er dich nur aufgrund *seiner individuellen Vorstellung* beurteilt, besteht kein Grund mehr, seiner oder deiner Definition von dir selbst Glauben zu schenken. Dann erst bist du frei, auf Distanz zu den Menschen zu gehen, die du als Belastung empfindest. Du bist dann sogar frei, dich von der Beurteilung deiner Person durch dich selbst zu distanzieren. Denn beide Beurteilungen sind schließlich Ergebnisse eines Wahrnehmungsfilters, der immer subjektiv eingefärbt- und daher nicht relevant ist, wenn es darum geht zu entscheiden, was dir bezüglich deiner Beziehungen gut tut und was nicht.

Wissen woher die Autos kommen

Nur mal angenommen, dir käme, wenn du so richtig eingespannt bist, nie mehr der Gedanke: „Wenn ich jetzt in Urlaub wäre, Mann, dann ging's mir ja so was von gut", dann hättest du doch kein Problem mehr, wenn du unter Dampf stehst. Oder?

Du hättest nie ein Problem, wenn du da, wo du gerade bist, ohne die Erwartung sein könntest, woanders zu sein, als da, wo du gerade bist. Damit meine ich natürlich nicht, man sollte immer dort bleiben, wo man sich gerade befindet. „Gott hat mich zum Bettler berufen, also kann ich niemals Generaldirektor von General Electric werden!" So eine Einstellung ist natürlich selbsterwählter Schwachsinn! Es gäbe ja keinen Fortschritt, würde man sich nicht fortbewegen. Ich rede also nicht über private oder berufliche Pläne, um sich zu einem bestimmten Zeitpunkt von A nach B zu bewegen, sondern über die irrationale Erwartung, man könne durch einen Umzug anderswohin glücklicher, zufriedener, erfüllter als da sein, wo man gerade ist.

Glückseligkeit hat nie mit äußeren Umständen zu tun!

Du kannst in einer zugigen Bahnhofshalle glücklicher sein als in einer mondänen Prachtvilla am Meer. Glückseligkeit ist ganz und gar abhängig von dem Nichtvorhandensein der Erwartung, woanders zu sein wäre besser.

Es gibt außerordentliche Beweise für meine Behauptung. Anfang der siebziger Jahre las ich das damals ziemlich bekannte Buch „Gefoltert für Christus“. Es wurde in 65 Sprachen übersetzt und hat eine Auflage von immerhin 4 Millionen. Der Autor Richard Wurmbrand war ein rumänischer Pfarrer, der sich insgesamt 14 Jahre in Haft unter dem kommunistischen Regime Ceausescus befand. Drei Jahre verbrachte er in strenger Einzelhaft in unterirdischen Kerkern, ohne Sonnenlicht und Geräusche der Außenwelt. Eines Tages erblickte der Gefängniswärter durch das Guckloch, dass Wurmbrand in seiner Zelle herum tanzte. Natürlich glaubte er, der Pfarrer habe den Verstand verloren. In Wahrheit war ihm Christus erschienen und seine Freude darüber war so groß, dass er unter Umständen, die natürlich alles andere als zum Tanzen motivierten, wie ein ausgelassenes, fröhliches Kind herumzuspringen begann. Freilich war die Christus-Erscheinung Illusion, aber die Gefängniszelle und die Folterer nicht minder. Glückseligkeit ist unser natürlicher Zustand, Umstände können daran überhaupt nichts verändern.

Vielleicht kannst du es dir einfach nicht vorstellen, aber es ist tatsächlich so: Bist du von der dumpfbackigen Hoffnung befreit, woanders ließe es sich besser leben als da, wo du gerade jetzt bist, hast du überhaupt keine andere Wahl als glücklich zu sein. Noch einmal: Ich meine nicht, man sollte und könnte nichts dafür tun, um seine Lebensumstände zu optimieren, nur nicht meinen, man werde dadurch zufriedener sein. Das ist ein Trugschluss, der manchmal einen hohen Preis kostet. Ich kenne jemand, der eine wirklich liebe Frau und zwei ebenso liebe Kinder verließ, um drei Jahre später im Zusammenleben mit einer anderen Frau festzustellen, dass er im Grund genommen wieder eine Neue kennenlernen müsste. (Um das alte Spiel zu wiederholen...)

Nicht umsonst gibt's den Spruch: Vorfreude ist die schönste Freude. Warum ist das tatsächlich so?

> Weil Freude ein innerer Zustand ist, vollkommen unabhängig von dem, was im Außen „tatsächlich" passiert.

Nur weil du dich von äußeren Umständen abhängig machst, weißt du womöglich nicht, worüber ich rede. Die meisten Menschen sind derart aufs Außen fixiert, dass ihnen gar nicht mehr auffällt, wie glücklich sie wären, wenn diese Fixierung einfach wegfallen würde.

> Du musst nichts hinzugewinnen,
> nur wegfallen muss was!

Natürlich ist es nicht angenehm, wenn du den Haustürschlüssel verloren hast und in scheidender Kälte auf den Schlüsseldienst warten musst. Selbstverständlich wäre es vorteilhafter ohne Geschwindigkeitsbegrenzung mit 200 Sachen über die Autobahn rasen zu können, um schnell und störungsfrei ans Fahrziel zu gelangen, anstatt stundenlang auf derselben Autobahn in einem Stau zu stehen, und noch dazu dringend aufs Klo gehen zu müssen. Sicherlich ist es nicht gerade das Gelbe vom Ei, eine Gehaltskürzung hinnehmen zu müssen anstatt eine Gehaltserhöhung zu kriegen. Aber bitte untersuche es selbst: Gäbe es in solchen Situationen nicht den Gedanken: „Ach wenn es doch anders wäre als so, wie es ist, dann wäre ich glücklicher, zufriedener, besser dran, etc.", dann gäbe es verdammt noch mal auch kein Problem! Das muss dir zunächst einmal klar sein, denn ist dir das nicht klar, kämpfst du dein Leben lang gegen Windmühlen an.

> Thaddeus Golas sagte:
>
> Willst du eine Straße schadlos überqueren,
> musst du nur wissen, wo die Autos herkommen!

Recht hat er. Aber woher kommen sie denn? Aus den Umständen? NEIN! Die Umstände sind nicht das eigentliche Problem! Umstände können unangenehm sein, vermögen jedoch keine Unzufriedenheit auszulösen. Außerdem können wir gegen äußere Umstände nur in wenigen Fällen etwas unternehmen. Du magst dich vor starker Sonneneinstrahlung schützen, indem du die Rollläden runter lässt, aber das Wetter kannst du nicht beeinflussen.

Woher kommen also die Autos? Aus unserem Verstand kommen sie. Und wie heißen sie? Nicht BMW, nicht Audi, nicht Opel oder Mercedes natürlich, sondern Erwartung, Hoffnung, Begehren, Verlangen.

- Wenn ich das und das könnte, dann ging's mir besser!
- Wenn jetzt der oder die da wäre oder ich jetzt bei der oder dem sein könnte, dann wär mein Herz nicht so beschwert!
- Wenn der oder die endlich mal so und so reagieren würde, dann würde ich vor Freude tanzen!
- Wenn das anders wäre als so, wie es ist, dann wäre ich happy, aber so...

Das sind die Autos, die dich schon so oft angefahren und sogar überfahren haben, dass du langsam echt mal die Schnauze voll haben solltest, ihnen immer und immer wieder vor den Kühler zu laufen. (Oder auf den Leim zu gehen!) Zähl doch mal die Wunden und Narben, die sie dir schon beigebracht haben!

Du brauchst gar nichts zu ändern!

Du musst vor allem kein Seminar „Wie überquere ich schadlos die Straße" besuchen! Rausgeschmissenes Geld! Nur offene Augen im Alltag brauchst du! Du musst auch keine komplizierten *Strategien zum Glück* kennenlernen! Du musst die emotionale Schraube in deinem Inneren nicht künstlich hochdrehen, um wie ein Strahlemann auszusehen, rumzuhüpfen wie ein Bekloppter und andauernd Halleluja zu rufen! Alles kalter Kaffee, kann ich dir nur aus eigener Erfahrung sagen. All diese Methoden enden in Resignation und allzu oft auch in Depression, weil es künstliche Hochpusher sind, ganz ähnlich den chemischen Drogen, die nach dem

Hoch ganz tief runter ziehen. Hab das alles schon hinter mir, rede also nicht aus dem hohlen Bauch.

Glückseligkeit ist unser natürlicher Zustand.

Das muss man ebenso wenig lernen, wie ein junger Hahn lernen muss, eine noch jüngere (oder auch ältere) Henne erstzubesteigen. Es ist drin in den Genen, verstehst du?

Alles was du lernen musst, ist deine Wahrnehmung zu schärfen, um möglichst flugs checken zu können, dass ein Auto kommt. Also wann immer so ein Gedanke auftritt, der dir klar machen will, dass es so, wie es gerade ist, in keinem Fall optimal ist. Dass es in jedem Fall besser wäre, wenn du dies und dies **machen**-, da und da **sein**-, dieses und jenes **verändern** müsstest oder könntest.

Dann sollte eine rote Warnlampe angehen! Hoppla, da kommt eins, jetzt geh ich aber sicher nicht über die Straße! Ätsch, diesmal fährst du mich nicht über den Haufen! Kann zum Lieblingshobby werden, dieses Auto-Ausweichen!

Bleib einfach stehen
und lass es an dir vorbei rauschen!

Nix tun, einfach nur sehen, woher die Autos kommen! Wobei du nicht damit rechnen kannst, dass das ganz ohne Emotionen vonstattengeht. Das ist deshalb so, weil Gedanken immer und sofort Emotionen bewirken. Doch spätestens dann, sollte die Warnlampe angehen. Denn wenn Emotionen da sind, bist du sozusagen schon mit einem Fuß auf der Straße...

Lern das, dann gibt's kein Hindernis mehr, um in mindestens 95 Prozent deiner Lebenszeit nicht mehr unzufrieden zu sein. Und irgendwann vermag dir sogar ein echter Unglücksfall nicht mehr den inneren Frieden zu rauben. Auch wenn du es natürlich angenehmer findest, einen Sechser im Lotto zu haben und faul am Meer rumliegen zu können.

Mit Glücklichsein meine ich natürlich nicht rauschende Feste oder ekstatische Zustände, sondern beständigen inneren Frieden – das größte Glück überhaupt! Das wär doch was, oder?

Alles was ist, ist Bewusstsein

Nâgârjuna, der wohl wichtigste Begründer der buddhistischen Schule der Madhyamikas sagte: „Nicht aus sich selbst, nicht aus einem anderen, nicht aus beidem, nicht grundlos sind irgendwelche Dinge irgendwo und irgendwann entstanden". Mit anderen Worten: Die Welt und ihre Erscheinungen *sind nicht* entstanden, da sie immer nur aus verursachenden und selbst wesenlosen Bedingungen oder Voraussetzungen hervorgehen und folglich kein Sein in sich tragen. Alles ist leer. Sein ist Illusion. Er sagte auch: „Gott – ein Schöpfer – müsste unbewegt oder permanent sein. Wenn der unbewegte Beweger aber Bewegung hervorbringt, müsste er sich bewegen. Das ist unlogisch. Folglich existiert kein Schöpfer."

Wenn kein Schöpfer existiert, existiert auch keine Schöpfung. Was wir als Schöpfung bezeichnen, ist eine spezifische Form der Wahrnehmung, ohne sie existierte keine Welt.

Wenn ich sage: Bewusstsein benötigt ein Konstrukt, um sich selbst manifestieren zu können, gehe ich davon aus, dass das Erscheinen den Faktor Zeit benötigt. Und ich gehe auch davon aus, das diese Manifestation beginnt und endet.

Zeit ist jedoch Illusion. Es kann keinen Anfang von Materie geben, denn wenn es sie gäbe, würde es voraussetzen, dass Gott oder Bewusstsein "irgendwann begonnen" hat, sich selbst zu manifestieren. Die Frage ist nun: WANN hat er damit begonnen? Und/oder: Wie kann der zeitlose

Gott "irgendwann" (impliziert Zeit) begonnen haben, sich zu manifestieren, wenn es doch in ihm keine Zeit gibt? Das wäre genauso, als würde ich sagen: Ein Kreis erschafft Linien. Das ist unmöglich. Was möglich ist, ist, dass ein Kreis "partiell" wahrgenommen wird, und dann hat es den Anschein, als existierte eine Linie. Bewusstsein hat offenbar die Fähigkeit, sich "verhüllt" bzw. „partiell“ wahrzunehmen und das ist die Welt.

Daher kann es bezüglich der "Welterscheinung" nur eine Erklärung geben**: Sie ist schon immer und sie war noch nie.** So wie eine Linie (als "Teil" des Kreises) immer schon war und gleichzeitig noch nie war, weil die Linie eben nur "partielle Wahrnehmung" des Kreises ist.

Bewusstsein ist nicht gleichbedeutend mit Bewegung, vielmehr ist alle Bewegung "Bewusstsein, das sich wegen des ausgeblendeten Kreises als Linie (scheinbar mit Anfang und Ende) erfährt". Selbst die Ausblendung hat nie begonnen, sie ist ebenso zeitlos, wie das Sein selbst. Bewusstsein bewegt sich nicht, es ist unbewegt, aber es tut so, als würde es sich bewegen, weil es als Linie betrachtet, Anfang und Ende besitzt. Daher hat es nur den "Anschein", als existierten Anfang und Ende.

Das Universum ist selbstexistent (Kreis), da es in Wahrheit (als Linie) gar nicht existiert. Kein Schöpfer und keine Schöpfung. Bewusstsein benötigt daher keinen physikalischen Nährboden. Vielmehr ist es so, dass Bewusstsein in physikalischer Form "erscheint". Wird der Kreis partiell wahrgenommen, ist ein Charakteristikum dieser WahrnehmungsART (Kunst), dass Formen entstehen und vergehen. Ein weiteres Charakteristikum dieser WahrnehmungsART ist, das es Entstehen und Vergehen für "wahr" hält und daher nach der "Ursache" des Entstehens und Vergehens sucht. Transzendiert es die Linienerfahrung nicht, ("sieht" es sich also nicht als Kreis) erfindet es einen Linien-Schöpfer, (Gott, Urknall, Evolution) wie es ihn auch immer nennt. Es glaubt tatsächlich an Anfang und Ende. Es glaubt an die Sinnhaftigkeit dessen, was es „innerhalb der Linie“ erfährt. All das ist jedoch Illusion, weil es in Wahrheit keine Linie, auch keinen Linienschöpfer, sondern nur einen Kreis gibt, der weder Anfang noch Ende besitzt und daher "nichts benötigt", weder als Kreis, noch als Linie.

Im Hinduismus gibt es die Vorstellung, dass Manifestation in zahllosen Zyklen beginnt und nach ein paar Milliarden Jahren wieder vergeht. Auch ein Ergebnis der WahrnehmungsART. Denn Manifestation (Linie) ist ebenso zeitlos wie Nicht-Sein oder Leerheit (Kreis) Nicht entsteht, nichts vergeht. Alles was ist, ist Bewusstsein.

Das Eine in allem

Da ist nicht Grieche, Jude, Beschnittener, Unbeschnittener, Skythe, Knecht, Freier, sondern alles und in allen Christus.

Brief des Paulus an die Kolosser 3:11

Diese Aussage liebe ich, obwohl zwischen den Buchdeckeln der Bibel vielmehr Schrott steht als Weisheit. Insbesondere Paulus hat zu diesem Schrott beigetragen, doch in diesem Punkt war er klar wie kein anderer Apostel. Lediglich der Begriff „Christus" missfällt mir, weil er religiöse Assoziationen auszulösen vermag und daher zu Trennung und Spaltung führen kann. Weitaus günstiger wäre es, wenn wir anstatt Christus (Buddhawesen oder Tao) einfach „Das Eine" oder „Essenz" sagen würden.

Essentiell gibt es keinen Unterschied zwischen Menschen verschiedener Nationalität oder verschiedenen Geschlechts. Ob arm oder reich, dick oder dünn, gesund oder krank, schön oder missgestaltet, intelligent oder blöd, fähig oder unfähig, sozial oder asozial, moralisch einwandfrei oder kriminell.

Alles und in allen das Eine. Die eine Quelle in ihrer Manifestation. Schau dich um: Kein Gesicht gleicht dem Anderen. Und doch: Die Essenz ist identisch.

Kannst du das sehen? Bist du dir dessen bewusst?

Wir lebten in Frieden, wenn uns das klar wäre. Nicht, dass wir mit einem Kriminellen gemeinsame Sache machen würden oder jeden Menschen gleichermaßen sympathisch fänden – aber niemals wären wir in der Lage, uns untereinander zu hassen, uns zu bekriegen, uns gegenseitig Schuld zuzuweisen.

Abgrenzung tut manchmal Not, gar keine Frage, denn unser natürliches Selbsterhaltungsprogramm lässt es nicht zu, dass wir Menschen Raum geben, die unser Leben durch ihr destruktives Verhalten zerstören oder unterminieren. Könnten wir jedoch sehen, dass selbst sie in ihrer Essenz nichts anderes sind als das Eine, könnten wir sie trotz aller lebensnotwenigen Abgrenzung lieben. Einfach weil uns klar ist, was in ihnen steckt!

Das Verhalten oder das Aussehen der Menschen lässt keinen Rückschluss auf ihren Wesenskern zu. Ebenso wie eine hässliche Raupe keinen Rückschluss auf den in ihrem Inneren sich im Wachstum befindlichen farbenprächtigen Schmetterling zulässt. Was wir mit unseren äußeren Augen erkennen, mag uns verwerflich, böse, töricht, entartet erscheinen. Mit dem Auge des Herzens vermögen wir tiefer zu blicken, nämlich: In allem das Eine.

Jeder Mensch ist perfekt, wie er im Augenblick ist. Es gibt schlicht gar nichts in dieser Welt, was nicht perfekt ist. Alles ist der perfekte Ausdruck des Einen. Nur vermögen wir das nicht sehen. Es ist unseren äußeren Augen verborgen, weil wir nicht den vollen Überblick haben.

Unsere Sicht ist begrenzt, denn wir blicken nicht durch den Schleier der Zeit. Was sich entwickelt, ist nicht das, was wir in Wirklichkeit sind. Schau dir ein Weizenkorn an. Ohne zu wissen, was in dem winzigen Ding an Potential drin steckt und was sich aus ihm zu entwickeln vermag, würdest du es wahrscheinlich nicht schätzen.

Wir alle befinden uns in einem Entwicklungsprozess. Jedes Stadium ist perfekt, selbst wenn es manchmal so scheint, als sei es missglückt. In Wahrheit ist jede Einschränkung, jede Behinderung, jede Hässlichkeit ein perfektes Stadium unserer Entwicklung. Am Ende wirst du ein Schmetterling sein. Und im Grunde genommen bist du es schon jetzt. Denn du bist das Eine. Und dieses Eine ist in uns allen. Mehr noch: Wir sind das Eine in allem.

Das Ergebnis der Konzept-Umsetzung

Die Erfahrung zeigt, dass die Umsetzung des Agape-Konzepts zu folgenden Ergebnissen führt:

Zunächst: Wenn du dich darin übst, in allem, was du täglich erlebst, zu lieben, wird dein Erlebniskosmos zum Spiegel deiner inneren Erfahrung. Wünsche erfüllen sich nun wie nebenbei, ohne Jagdfieber und erheblichen Aufwand. Verschlossene Türen werden nicht als Unglück betrachtet, sondern als Hinweis auf andere Türen, die bereits weit offen stehen und deinem Blick bisher lediglich entgingen. Negative Emotionen und Konflikte lösen sich ohne direktes Eingreifen auf. Die Herausforderungen des alltäglichen Lebens werden in der Regel akzeptiert und erzeugen nicht mehr das Gefühl der Hilflosigkeit.

Wenn die Übung erst einmal verinnerlicht ist, musst du dich nicht mehr an sie erinnern. Vielmehr erinnert sie dich. Dies wird in immer schnellerer Abfolge geschehen. Und so wirst du schließlich vollständig desillusioniert. Desillusioniert von der törichten Vorstellung, du könnest dich, so wie du jeweils bist, jeweils fühlst nicht annehmen und lieben.

Die meisten Übenden erwarten zu Anfang, die Übung würde sie in einen emotionalen Zustand versetzen, in dem sie nie mehr ärgerlich, traurig, ängstlich zu sein vermögen. Diese Erwartung wird enttäuscht werden. Die Umsetzung des

Agape-Konzepts macht uns nicht zu abgehobenen, religiös motivierten „Jüngern der Liebe“, sondern zu gesunden, intakten Menschen. Und ein gesunder, intakter Mensch kann ebenso hassen wie lieben. Der Unterschied zu vorher besteht darin, dass man sich in jedem emotionalen Zustand und jeder Situation vollständig anzunehmen vermag. Diese totale Selbstakzeptanz führt zu emotionaler Balance. Das bedeutet: Selbst wenn Ärger oder Trauer erscheinen, ärgerst du dich nicht über den Ärger und trauerst nicht wegen der Trauer. Selbst innere Widerstände werden nicht hinterfragt, abgelehnt oder überspielt, sondern schlicht akzeptiert. In allen Situationen bleibst du der objektlos-liebende Zeuge.

In der Regel wirst du zuvor in eine Krise geraten. Das ging mir so und ebenso auch anderen Übenden. Der Grund ist dein illusionäres Ego, das sich dagegen aufbäumt, deiner wahren Natur seinen Platz einzuräumen. Die Symptome dieses inneren Kampfes variieren, die Ursache jedoch ist immer dieselbe.

Sei daher nicht überrascht, wenn du irgendwann in den Zustand innerer Leere gerätst. Diese Leere erscheint nur dem Ego „entsetzlich“ – in Wahrheit ist „Leerheit“ deine wahre Natur, der Urgrund des Seins. Wenn du dich in dieser Leere weiterhin zu lieben vermagst, wird das Ego schließlich seinen Kampf aufgeben. Und dann verwandelt sich die nur von ihm als „entsetzlich“ empfundene Leere in irreversiblen, tiefen Frieden. Dieser Zustand ist der Beweis vollständiger Desillusionierung. Nun wirst du nicht mehr üben müssen, dich in allem was ist, zu akzeptieren und zu lieben. Und wenn das der Fall ist, erledigt sich das Agape-Konzept.

Ich vermag dir vollständige Desillusionierung nicht zu garantieren, weil die Vollendung dieses Prozesses von vielen verschiedenen Faktoren abhängig ist. Eins aber ist sicher: selbst wenn sie sich nicht ereignen sollte, ermöglicht die Umsetzung des Agape-Konzepts die positive Veränderung deines Erlebniskosmos. Darüber hinaus kenne ich keine Methode, die in ihrer Umsetzung einfacher und wirksamer ist.

Das Parfüm – ein besonderer Roman

Ich wusste nicht, weshalb ich von dem Roman „Das Parfüm“ von Patrick Süskind so angetan war. Ich las ihn mehrere Male und jedes Mal faszinierte mich die Lektüre erneut.

Kürzlich wurde es mir sonnenklar. Jean-Baptiste Grenouille, der Protagonist, ist kein gewöhnlicher Mörder, sondern der Prototyp eines akausal funktionierenden Menschen. Für Grenouille existiert keine Moral. Sein Denken und Handeln wird sozusagen sensorisch gesteuert, alles was für ihn zählt, ist die Ästhetik des Geruchs. Und das wird nicht durch sein Denken verursacht.

Dass er scheußliche Morde begeht, mag uns erschrecken. Für Grenouille sind sie nur Mittel zum Zweck. Er ist kein Triebtäter, nicht destruktiv und er will sich auch nicht bereichern. Alles, was für ihn zählt, ist die unbeherrschbare Leidenschaft, die Essenz jenes Wohlgeruchs herzustellen, die jene seltenen Menschen verbreiten, „die Liebe inspirieren“. (S 240)

Jeder Mensch sucht diese Essenz, doch die wenigsten von uns besitzen die angeborene Fähigkeit, sich diesem Wunsch auszuliefern, ihn über jede Moral, jedes Gesetz, auch über jede Annehmlichkeit des menschlichen Leben zu erheben, sich in jeder Hinsicht von ihm beherrschen zu lassen und jedes Hindernis zu überwinden, um in seinen Besitz zu gelangen. „...widmete sich Grenouille nun seiner wirklichen Leidenschaft: der subtilen Jagd nach Düften.“ (S 234) Grenouille ist weder ein guter noch ein schlechter Mensch, er befindet sich jenseits dieser beiden Pole.

Ohne zu töten, ist es unmöglich, diese Essenz zu erlangen. Für Grenouille zählt nicht der Mensch, der nach Liebe duftet. Für ihn zählt nur der Duft. „Töte den Buddha, wenn du ihm begegnest“, das empfehlen uns auch die Weisen. Wenn wir auf Menschen fixiert sind, anstatt auf die Essenz, sind wir chancenlos, jemals an sie heran zu kommen.

Grenouille bewegt sich außerhalb der Gesellschaft. Und wenn er sich temporär integriert, geschieht es nur mit der Absicht, die sein ganzes Wesen erfüllt. Deshalb geht er bei dem Meister Baldini in die Lehre. Anerkennung für seine ungeheure Fähigkeit in der Komposition neuer Düfte, die seinen Arbeitgeber reich und berühmt machen, lassen ihn kalt.

Höchst interessant ist, dass Grenouille selbst nicht riecht und sich auch selbst nicht zu riechen vermag. „Sein, Grenouilles Eigengeruch, war der Nebel. Und nun war das Entsetzliche, dass Grenouille, obwohl er wusste, dass dieser Geruch sein Geruch war, ihn nicht riechen konnte. Er konnte sich, vollständig in sich selbst ertrinkend, um alles in der Welt nicht riechen. Als ihm das klar geworden war, schrie er so fürchterlich laut, als würde er bei lebendigem Leibe verbrannt...

Er war zu Tode geängstigt, schlotterte am ganzen Körper vor schierem Todesschrecken..." (S 170 – 171)

Eine geniale Metapher. Wir sehnen uns nach der Essenz, sind jedoch nicht in der Lage, uns selbst in unserer Essenz zu erkennen. Was wir von uns selbst wahrnehmen, ist „in Nebel" gehüllt. Und wer zu dieser Erkenntnis gelangt, wird natürlich zu Tode erschrecken und alles tun, um sich selbst zu erkennen. Grenouille tut das, dieser Textabschnitt ist jedoch ziemlich lang, ich nehme mir nicht die Zeit, ihn hier zu zitieren und so kann ich dir nur empfehlen, ihn selbst zu lesen. (S 172 – 175) Das Ergebnis der Suche nach dem Eigengeruch, respektive der Selbsterkenntnis, ist bezeichnend. Was er auch unternimmt, er vermag sich selbst nicht zu riechen. „Er blieb noch eine Weile hocken, ganz ruhig, nur leise mit dem Kopf nickend. Dann drehte er sich um und ging, zunächst gebückt, und als die Höhe des Stollens es zuließ, in aufrechter Haltung, hinaus ins Freie. Draußen zog er seine Lumpen an... legte sich die Pferdedecke über die Schultern und verließ noch in der derselben Nacht den Plomb du Chantal in südlicher Richtung." (S176)

Vielleicht zeigt das Kopfnicken an, dass Grenouille schon zu diesem Zeitpunkt beschlossen hatte, wenn er denn schon keinen Eigengeruch besaß, den Geruch eines Menschen zu „fabrizieren". Dieser Entschluss erinnert mich an eine Periode in meinem eigenen Leben. Nach vielen Jahren ergebnisoffener Suche nach mir selbst, begann eine Ära von genau 17 Jahren, in welcher ich mich darin übte, mich so zu verhalten, wie sich normale Menschen verhalten. Wirklich wohl fühlte ich mich in diesem Zeitraum aber nicht. Als Grenouille dieses Parfüm produziert hatte, „ein seltsameres hatte es bis dahin nicht gegeben es roch nicht wie ein Duft, sondern wie ein Mensch, der duftet“, (S 191) empfand er sich als stinkend. Grenouille hatte stets das Gefühl, „dass andere Menschen seinen Duft ebenfalls als stinkend empfänden.“ (S194) Ähnlich erging es mir. Zwar war ich nun integriert, gewann Freunde, hatte Erfolg, wurde akzeptiert, war nun ein Bürger wie andere auch, doch in Wahrheit war ich nie Teil der Gesellschaft. Innerlich gehörte ich ihr nicht an und im Grunde täuschte ich sie, ohne das es meiner Absicht entsprach, durch mein angepasstes Verhalten. Sollte es dir ähnlich ergehen, sei nicht beunruhigt. Das ist der Weg aller, die nach der Essenz suchen und schließlich enttäuscht danach trachten, ein bürgerliches Leben zu führen. Es ist nur eine Phase. Anschließend wird es dich wieder aus ihr heraus treiben. Und erst dann wirst du die Essenz finden.

Die Vertreibung aus dem selbst geschaffenen und doch so fragwürdigen Paradies der Angepasstheit beginnt zumeist damit, den Menschengeruch zu verachten. „Eine Weile blieb er so sitzen, in andächtiger Ruhe, und atmete die weihrauchsatte Luft in tiefen Zügen ein. Und wieder ging ein heiteres Schmunzeln über sein Gesicht: Wie miserabel dieser Gott doch roch! Wie lächerlich schlecht doch der Duft war, den dieser Gott von sich verströmen ließ. Nicht einmal ein echter Weihrauchduft war es, was aus den Pfannen qualmte. Schlechtes Surrogat war es, verfälscht mit Lindenholz und

Zimtstaub und Salpeter. Gott stank! Gott war ein kleiner, armer Stinker. Er war betrogen, dieser Gott, oder er war selbst ein Betrüger, nichts anders als Grenouille – nur ein viel schlechterer." (S 200)

Die Gesellschaft und Gott – ein und dasselbe. Gott hat nicht den Menschen, der Mensch hat Gott erfunden. Und deshalb stinkt dieser Gott. Deshalb stinkt Religion. Deshalb stinkt das gesamte System. Es stinkt nach Betrug. Es ist eine Fälschung. Die Essenz ist hier nicht zu finden.

Grenouille beschließt, „einen Duft zu kreieren, der nicht nur menschlich, sondern übermenschlich war, ein Engelsduft, so unbeschreiblich gut und lebenskräftig, dass, wer ihn roch, bezaubert war und ihn, Grenouille, den Träger des Dufts, von ganzem Herzen lieben musste." Er wollte „der omnipotente Gott des Duftes" sein. (S 198)

Kennst du dieses Begehren? Möchtest du die Menschen beschenken? Möchtest du etwas besitzen, was sie so bezaubert, dass sie dich von ganzem Herzen lieben? Natürlich möchtest du das! Gib es zu. Jeder Mensch möchte das. Es ist ein unauslöschliches Verlangen in uns, etwas zum Ausdruck bringen zu können, wofür du anerkannt und geliebt wirst. Doch wenn du diesem Verlangen nachzugehen in der Lage bist, wirst du dich aus dem System religiös motivierter Nächstenliebe verabschieden müssen. „Und er sagte sich, dass er es wolle, weil er durch und durch böse sei. Und er

lächelte dabei und war sehr zufrieden. Er sah ganz unschuldig aus, wie irgendein Mensch, der glücklich ist.“ (S199)
Das, was du wirklich willst, ist total egoistisch, auf dich selbst bezogen. Bevor du bereit bist, dir diese „Bosheit“ einzugestehen, wirst du die Essenz deines Wesens nicht zu erfassen vermögen. In Wahrheit wollen wir uns mit dem, was wir anderen geben, nur selbst befriedigen. Selbst Mutter Theresa schuftete für die Armen in Indien mit diesem Motiv. Jeder wohltätige Mensch, der etwas anderes sagt, ist entweder ein Heuchler oder es mangelt ihm an Erkenntnis. Was immer wir tun, tun wir für uns selbst. Und erst wenn uns dieser Erkenntnisstrahl trifft, sind wir bereit für den letzten Akt.

Grenouille erlangt nun Berühmtheit. Er konnte den Leuten erzählen, was immer er ihnen erzählen wollte. „...sie fassten Vertrauen zu ihm mit dem ersten Atemzug, den sie von seinem künstlichen Geruch inhalierten -, dann glaubten sie ihm alles.“ (S. 204 – 205) Und jetzt erst erhält er eigenartigerweise das, was ihm ohne die Erkenntnis seines „Durch-und-durch-Böseseins“ nicht gelungen war. „Er bekam des Weiteren eine gewisse Sicherheit im gesellschaftlichen Umgang, wie er sie niemals besessen hatte. Sie drückte sich sogar körperlich aus. Es war, als sei er gewachsen. Sein Buckel schien zu verschwinden. Er ging beinahe vollkommen aufrecht. Und wenn er angesprochen wurde, so zuckte er nicht mehr zusammen, sondern blieb aufrecht stehen und hielt den auf ihn gerichteten Blicken stand. Freilich, es wurde in dieser Zeit kein Mann von Welt, kein Salonlöwe oder souveräner Gesellschafter. Aber es fiel doch zusehends alles Verdruckte, Linkische von ihm ab und machte einer Haltung Platz, die als natürliche Bescheidenheit... gedeutet wurde.“ (S 205)

Hör auf dich zu belügen, hör auf etwas sein zu wollen, was du nicht bist, liebe dich vielmehr so wie du bist, mit all deinen Macken, gestehe dir sogar dein „Bösesein“, heißt: dein egoistisches Denken und Handeln ungeschminkt ein und du wirst erfahren, dass du weitaus mehr Wirkung auf die Menschen hat, als vorher.

Für die meisten Menschen, die diese Erfahrung machen, hört die Suche nach der Essenz an diesem Punkt auf. Sie haben anscheinend erreicht, was sie erreichen wollten. Für Grenouille jedoch ist das nur ein Spiel. Ein Spiel mit der Macht. Doch es befriedigt ihn nicht. Seine Sehnsucht nach der Essenz ist unzerstörbar. Und deshalb verlässt er die weltliche Bühne und riecht sich weiter durchs Leben. Und riecht schließlich etwas, was ihn festhält. „Es war nicht leicht, diese zarteren Düfte des Gartens in sich aufzufangen, denn sie zogen nur in dünnen Streifen über den Giebel des Hauses hinweg. Grenouille machte Magnolien aus, Hyazinthen, Seidelbast und Rhododendron... aber da schien noch etwas anderes zu sein, etwas mörderisch Gutes, was in diesem Garten duftete, ein Geruch so exquisit, wie er ihn in seinem Leben noch nicht – oder doch nur ein einziges Mal – in die Nase bekommen hatte.“ (S 214) Für einen Augenblick, für einen Atemzug lang, für die Ewigkeit schien ihm, als sei die

Zeit verdoppelt oder radikal verschwunden, denn er wusste nicht mehr, war jetzt jetzt und war hier hier, oder war nicht-vielmehr jetzt damals und hier dort, nämlich Rue des Marais in Paris, September 1753: der Duft des rothaarigen Mädchens, das er damals ermordet hatte. Dass er diesen Duft in der Welt wiedergefunden hatte, trieb ihm Tränen der Glückseligkeit in die Augen..." (S 215)

Dieser Textabschnitt zeigt mit geradezu erschreckender Deutlichkeit die Amoralität des einzig in die Ästhetik des Duftes Verliebten. Wir erschauern ob der sich mit diesem Ereignis verbindenden Ahnung eines unumgänglichen weiteren Mordes. Grenouille hingegen treten vor Glückseligkeit Tränen in die Augen. Ihm ist zu diesem Zeitpunkt noch nicht einmal bewusst, dass er ein Wiederholungstäter werden wird. Ihn beschäftigt vielmehr wenig später, ihren Geruch mit jener der Rothaarigen zu vergleichen, wobei er leicht veränderte Geruchsnuancen wahrnimmt und zu dem Schluss kommt, dass das Mädchen noch besser als sie riecht. (S 216) Woraufhin er sich natürlich entschließt, sie zu töten. Jedoch nicht bevor er seine Kenntnisse- und seine handwerklichen Fähigkeiten erweitert hat, um für „die Zeit der Ernte" gerüstet zu sein.

Nun ist es natürlich nicht meine Absicht, Mord zu sanktionieren, denn ich verabscheue jede Gewalt. Ich halte es noch nicht einmal für angemessen, Kinder wegen Ungehorsam den Hintern zu versohlen. Jedoch könnte kein brutalerer Akt als ein Mord an einem unschuldigen Mädchen geeigneter sein, um als Metapher für einen Menschen zu dienen, dessen ganzes Wesen in dem Verlangen fiebert, in den Besitz der Essenz zu gelangen. Warum? Nun, weil sich dieses Verlangen vollkommen außerhalb der Kategorien gut oder böse, moralisch oder unmoralisch bewegt. Solange du gut oder moralisch sein willst, wirst du die Essenz, deine wahre Natur, niemals entdecken, denn sie offenbart sich einfach nur denen, denen dieser Maßstab völlig gleichgültig ist. Die noch nicht einmal in Gefahr sind, sich ihn zu eigen zu machen. Grenouille hat keinerlei Skrupel, er schreckt nicht vor dem Gedanken zurück, das Kind zu ermorden, doch der Grund dafür ist nicht ein ungebändigter Sexualtrieb oder die Freude am Töten, sondern das sich jeder Moral entziehende Verlangen, in den Besitz jenes Duftes zu gelangen, mit dem er glaubt, die Menschen beglücken zu können.

Es gibt keine Möglichkeit, das Verlangen nach der Essenz zu produzieren. Entweder du hast es oder du hast es nicht. Wenn du es aber hast, wirst du „prinzipiell" denselben Weg gehen müssen. Es ist ein Weg ins Abseits und die Menschen werden dich deshalb verachten. Sie werden niemals verstehen, was dich antreibt, was dich motiviert und wie du gestrickt bist.

Grenouille ermordet das Mädchen tatsächlich, wird schließlich gefasst und zum Tode verurteilt. Eine große Menschenmenge versammelt sich, um der grausamen Hinrichtung des verhassten Monsters beizuwohnen. Auf ein Holzkreuz gebunden, soll ihm der Scharfrichter durch 12 Schläge mit einer Eisenstange die Gelenke der Arme, Beine, Hüften und Schultern zerschmettern. (S 291)

Als Grenouille jedoch in einer Kutsche an den Ort der Hinrichtung gebracht wird, geschieht ein Wunder, das im Grunde keins ist. „Es war nämlich so, dass die zehntausend Menschen auf dem Cours und auf den umliegenden Hängen sich von einem Moment zum anderen von dem unerschütterlichen Glauben durchtränkt fühlten, der kleine Mann im blauen Rock, der soeben aus der Kutsche ausgestiegen war, könne unmöglich ein Mörder sein. Nicht dass sie an seiner Identität zweifelten. Da stand derselbe Mensch, den sie vor wenigen Tagen... gesehen hatten und den sie, wären sie seiner habhaft geworden, in wütendem Hass gelyncht hätten... Sie wurden schwach wie kleine Mädchen, die dem Charme ihres Liebhabers erliegen... und einzig ihr Herz spürten sie als haltlosen Klumpen in ihrem Inneren schwanken und legten es eine jede, ein jeder, in die Hand des kleinen Mannes... auf Gedeih und Verderb: Sie liebten ihn! Die Folge war, dass die geplante Hinrichtung eines der verabscheuungswürdigsten Verbrechers seiner Zeit zum größten Bacchanal ausartete... Sittsame Frauen rissen ihre Blusen auf, entblößten unter hysterischen Schreien ihre Brüste, warfen sich mit hochgezogenen Röcken auf die Erde. Männer stolperten mit irren Blicken durch das Feld von geilem aufgespreizten Fleisch, zerrten mit zitternden Fingern ihre wie von unsichtbaren Frösten steifgefrorenen Glieder aus der Hose, fielen ächzend irgendwohin, kopulierten in unmöglichster Stellung und Paarung, Greis mit Jungfrau, Taglöhner mit Advokatengattin, Lehrbub mit Nonne, Jesuit mit Freimaurerin, alles durcheinander, wies gerade kam.“ S (303)

Diese Orgie ist wie der Mord natürlich wiederum eine außerordentliche extreme Metapher, wie sie jedoch besser nicht ausgewählt werden könnte, um zu beschreiben, dass unsere gesamte Moral in sich zusammenbricht, wenn Menschen auch nur der Hauch der Essenz berühren. Kommen wir Berührung mit der Essenz, werden zwischen uns keine Unterschiede mehr wahrgenommen, alle moralischen Schranken müssen fallen, von dem Gefühl der Liebe überwältigt wird ihm Ausdruck verliehen und was uns vorher unmöglich erschien, wird plötzlich spontan gelebt.

„Grenouille stand und lächelte... Er hatte sich eine Aura erschaffen, strahlender, wirkungsvoller, als sie je ein Mensch vor ihm besaß. Und er verdankte sie niemandem – keinem Vater, keiner Mutter und am allerwenigsten Gott. Er war in der Tat sein eigener Gott, und ein herrlicherer Gott als jener weihrauchstinkende Gott, der in den Kirchen hauste.“

Das klingt selbstgerecht und vermessen, jedoch wird ein Mensch, der sich eine eigene, unverwechselbare Aura erschafft, der dabei weder auf seine Erziehung, noch auf religiöse Traditionen setzt, bei all denen, deren Leben auf diesen Werten basiert, immer den Eindruck eines vermessenen Menschen erwecken. Doch Grenouille ist kein großer, fähiger Mensch, im Gegenteil, es ist vielmehr seine Unfähigkeit, die ihn dazu zwingt, sich nur auf das zu verlassen, nur das zu entwickeln, was ihm die Natur anvertraut. Große Taten und beachtliche Leistungen entstehen immer nur dann, wenn wir uns dazu durchringen können, das zu tun, was unserer natürlichen Begabung entspricht. Wir können letzthin nichts anderes tun, als unserer Natur gemäß zu funktionieren. Und tun wir das nicht, um den gesellschaftlichen Erwartungen zu entsprechen, wird das, was an Potential in uns liegt, restlos verkümmern.

Nun, das Ende dieses Romans ist wirklich grandios. Grenouille geht den Weg all derer, die das Leben vollständig desillusioniert. „In der Auvergne kam er dem Plomb du Chantal nahe. Er sah ihn westlich liegen, groß und silbergrau im Mondlicht, er roch den kühlen Wind, der von ihm kam. Aber es verlangte ihn nicht hinzugehen. Er hatte keine Sehnsucht mehr nach dem Höhlenleben. Diese Erfahrung war schon gemacht und hatte sich als unlebbar erwiesen. Ebenso wie die andere Erfahrung, unter den Menschen zu leben. Man erstickte dort. Er wollte überhaupt nicht mehr leben. Er wollte nach Paris gehen und sterben. Das wollte er."

Ist das nicht eigenartig? Ein Mensch mit einer so außergewöhnlichen Begabung hat keine Sehnsucht mehr! Er begehrt weder Einsamkeit noch Bekanntheit. Wäre es nicht erstrebenswert, die Menschen weiterhin zu begeistern? Grenouille könnte nicht nur einzelne Menschen, sondern Massen in Ekstase versetzen. Nicht einmal Hitler, Gandhi oder Osho würde er darin nachstehen. Alles würde man ihm verzeihen.

Alles könnte er haben! Alles, wonach sich anderen Menschen ein Leben lang sehnen! Schätze würde man ihm zu Füßen legen. Anbeten würde man ihn! Eine neue Religionsgemeinschaft könnte er gründen! Aber das geniale Scheusal Grenouille, er will nur noch – sterben! „All das könnte er tun, wenn er wollte. Er besaß die Macht dazu. Er hielt sie in der Hand. Eine Macht, die stärker war als die Macht des Geldes oder die Macht des Terrors oder die Macht des Todes: die unüberwindliche Macht, den Menschen Liebe einzuflößen. Nur eines konnte diese Macht nicht: sie konnte ihn nicht vor sich selber riechen machen. Und mochte er durch sein Parfüm auch erscheinen als ein Gott: wenn er sich nicht selbst riechen konnte und deshalb niemals wüsste, wer er sei, so pfiff er drauf, auf die Welt, auf sich selbst, auf sein Parfüm.“ (S 316)

Das ist der Weg der Desillusionierung. Wenn er dir bestimmt ist, zählt letzthin nur eine Frage: „Wer bin ich?“ Und solange diese Frage nicht geklärt ist, ist alles andere sinnlos. „Ich bin der einzige, für den das Parfüm sinnlos ist.“ (S 316 – 317)

Welche Alternative bleibt einem Menschen, für den die Welt mit all ihren Freuden bedeutungslos ist? Nur der Tod! Und so geht er in Paris angekommen, auf den Friedhof, auf dem sich nachts zur damaligen Zeit kein lebender Mensch blicken ließ. „Nach Mitternacht erst belebte sich der Ort mit allem möglichen Gesindel, Dieben, Mördern, Messerstechern, Huren, Deserteuren, jugendlichen Desperados.“

Als er mit diesem Abschaum um ein kleines Feuer sitzt, entstöpselt er das Fläschchen. Wenig später stürzten sie sich auf ihn, „fielen über ihn her, rissen ihn zu Boden. Sie rissen ihm die Kleider, die Haare, die Haut vom Leibe. Sie zerrupften ihn, sie schlugen ihre Krallen und Zähne in sein Fleisch, wie die Hyänen fielen sie über ihn her... In kürzester Zeit war der Engel (weil er so himmlisch duftete) in dreißig Teile zerlegt und ein jedes Mitglied der Rotte grapschte ein Stück, zog sich, von wollüstiger Gier getrieben, zurück und fraß es auf. Eine halbe Stunde später war Jean-Baptiste Grenouille in jeder Faser vom Erdboden verschwunden... Und sie wunderten sich, wie leicht es ihnen gefallen war und dass sie bei aller Verlegenheit, nicht den geringsten Anflug von schlechtem Gewissen verspürten. Im Gegenteil! Es war ihnen, wenngleich im Magen etwas schwer, im Herzen durchaus leicht zumute. In ihren finsteren Seelen schwankte es mit einem Mal so angenehm heiter. Und auf ihren Gesichtern lag ein mädchenhafter, zarter Glanz von Glück... Als sie dann wagten, verstohlen zuerst und dann ganz offen, den Blick zu heben, da mussten sie lächeln. Sie waren außerordentlich stolz. Sie hatten zum ersten Mal etwas aus Liebe getan.“ Der Roman endet hier.

Grenouilles Tod war keine Heldentat. Nein, dieser Mann, er war kein Märtyrer! Dass er sich bewusst dem Kannibalismus der Außenseiter und Loser auslieferte, war die natürliche Konsequenz seiner Einsicht, dass das Leben bedeutungslos ist. Es ist Unsinn zu meinen, man könne sich selber finden.

Was du auch in dieser Welt auf die Beine zu stellen vermagst, dieser Wunsch geht nie in Erfüllung. Am Ende bleibt immer nur eins und das ist der Tod und von „dir“ bleibt dabei nichts übrig. Vielleicht ist diese Metapher die beste von allen. Denn nur dann, wenn das Ego stirbt, erledigt sich die Frage: „Wer bin ich?“ Warum? Nun, weil sie ohne das Ego schlicht irrelevant wird.

Nur so wirst du zur Speise, zur geistigen Nahrung für andere. Nur dann, wenn dein Ego stirbt, werden andere Menschen veranlasst, die wahre Eucharistie zu feiern, in dem sie deinen Geist in sich aufnehmen. Selbst wenn das, was sie tun, nicht „gut“ genannt werden kann, weil sie es für sich und nur für sich selbst tun – sie tun es zumindest aus Liebe. Und nur durch Liebe kann sich unser Leben verwandeln. Nur so kannst du den Blick ohne Scheu heben und zu dir stehen. Egal wer du bist und egal was du tust.

Demut

Viele Menschen halten Woody Allen für ein Genie. Ich gehöre zu ihnen. Doch wenn man ihn fragt, wie er seine genialen Drehbücher schrieb und worauf er seinen immensen Erfolg begründet, sagt er sinngemäß: „Ich hatte Glück. Und es ist das einzige, was ich kann. Zu nichts sonst bin ich fähig. Wenn ich nicht schreibe, sitze ich sinnlos rum und werde sehr traurig. Ich kann nicht einmal das Farbband meiner Schreibmaschine wechseln, obwohl ich sie schon viele Jahrzehnte besitze. Früher lud ich immer einen Freund zum Abendessen ein, um ihm dann irgendwann wie nebenbei zu bitten: Ach, könntest du vielleicht gerade mal das Farbband wechseln?"

Ich sah ein Interview, das in seiner Wohnung stattfand und war vor allem von einem beeindruckt: Woody spielte nicht mit Worten, die Aufrichtigkeit, mit der über seine Unfähigkeit sprach, war nicht etwa kokett, er machte überhaupt nichts aus sich. Er gab sich ganz natürlich, ganz so, als wäre keine Kamera und kein Interviewer vorhanden. Und wenn ihm eine Frage nicht behagte, äußerte er ganz offen sein Missfallen.

Nun mag man sagen: Dieser Mann hat schließlich alles erreicht. Welchen Grund hätte er noch, mit seinem Erfolg zu protzen? Nun, ich sah bei Kerner auch ein Interview mit dem bekannten Schauspieler Klaus Maria Brandauer. Der hat im

Grunde auch viel erreicht, aber der Stolz über seine Leistung, seine Bekanntheit und Intelligenz, ist, auch wenn er sich mittlerweile bescheiden und jovial zu geben weiß, unübersehbar.

Was ist Weisheit? Zu wissen: Ich hatte Glück! Was ich wurde, was ich auf die Beine stellte, ist Schicksal. Ich habe nichts, tat nichts, wofür ich mich rühmen könnte. Im Gegenteil: Außer dem, was ich kann, obwohl ich nichts dafür kann, kann ich nichts.

Woody Allen ist sich dessen bewusst. Und selbst das ist nichts, wofür er sich rühmen könnte. Auch diese Erkenntnis fiel ihm zu.

Was denkst du über dich? Meinst du wirklich, dass deine Karriere, deine Kreativität, deine Intelligenz, und das, was du bisher auf die Beine stelltest, auf deiner Leistung, deiner Bemühung, deiner Klugheit beruhen?

Das ist ein Trugschluss und solange du meinst, **du** hättest all das vollbracht, was durch dich entstand, bist du eins der vielen arroganten Arschlöcher, die diesen Globus bevölkern. Es gibt sie überall: In der freien Wirtschaft, in der Politik, im Showbiz, im Sport, in der Kunstszene, in sozialen Einrichtungen, in der Wissenschaft, in den Kirchen und auch in der Liga spiritueller Meister.

Weisheit beginnt und endet gleichzeitig mit dem Wissen: ich bin nichts. Zumindest nichts, worauf ich mir irgendwas einbilden kann. Alles, was ich schaffte, schaffe und schaffen werde, ist schlicht mein Schicksal, meine Bestimmung. Es geschieht, es wird *durch mich* getan. Es ist einfach meine Funktion. So bin ich nun mal. Und anders kann ich gar nicht sein.

Ich weiß, wovon ich rede, denn ich war auch mal ein arrogantes Arschloch. Nicht, dass ich eins sein wollte. Ich denke, niemand will das. Aber du wirst eins sein **müssen**, solange du meinst, dass **du** der Handelnde bist.

Selbst demütig und bescheiden wirkende Menschen sind in Wahrheit stolz und hochmütig, solange sie glauben, ihre Karriere, ihr Projekt, ihr Erfolg wäre durch ihre Leistung, ihre Aktivitäten zustande gekommen. Sie wissen ihr hochtrabendes Wesen nur besser zu verbergen als jene, denen es aus jedem Knopfloch schaut.

Analysiere einmal schonungslos aufrichtig dein Handeln. Dann wirst du erkennen müssen, dass es schicksalhaft ist. Dein gesamtes ER-Leben folgt einem kosmischen Drehbuch und du spielst nur deine vorgegebene Rolle. Was du tust, ist einfach das, was du einzig tun kannst. Vielleicht bist du außerordentlich begabt, aber deine Begabung ist nicht auf deinem Mist gewachsen. Es ist einfach das, was durch dich geschieht und geschehen soll.

Demut kann man nicht lernen. Je bescheidener du sein willst, desto hochmütiger wirst du. Am Ende bist du selbst auf deine Demut noch stolz. Demut ist ein Ergebnis, wenn dir bewusst wird, dass du nicht der Handelnde bist. Dass niemand der Handelnde ist. Auch nicht der antriebsschwache, minderbegabte Mensch, selbst der Psychopath nicht. Wie sollte es dir mit diesem Bewusstsein noch möglich sein, auf andere herab zu sehen? Wie sollte es dir möglich sein, das Genie (für das du dich womöglich selbst hältst) zu bewundern? Es ist schlicht unmöglich!

Demut kann man sich nicht erarbeiten. Es ist nichts, was man hinzu gewinnen könnte. Demut ist vielmehr das Ergebnis eines Verlusts. Wenn der falsche Eindruck, du wärst derjenige, welcher alles bewirkt, wegfällt, kannst du nur demütig sein.

Der einfachste Weg ist der Beste

Ich bin seit dem Jahr 2000 NLP-Master (DVNLP) und kenne daher die meisten NLP-Veränderungstechniken. Zweifellos sind sie mit das Beste, weil Wirksamste, was es derzeit gibt, um neue Verhaltensweisen zu etablieren. Ich jedenfalls kenne nichts Besseres – außer dem Agape-Konzept. Der entscheidende Vorteil: Es ist einfacher und von jedem Menschentypus anwendbar.

Die Einfachheit schreckt allerdings gerade Intellektuelle manches Mal ab. Insbesondere dann, wenn deren emotionale Intelligenz nicht sonderlich ausgeprägt ist. Die Ratio möchte einfach nicht glauben, dass es sozusagen ein „Universalmittel" gibt, das jeder Sinnestypus anwenden kann und das **jede** Verhaltensweise **so** zu optimieren vermag, dass sich der **gesamte** Erlebniskosmos ohne weiteres Zutun positiv ändert.

Um den Grund zu verstehen, muss man sich nur drei Tatsachen vor Augen führen:

1. Es gibt keinen Menschen, der nicht auf Liebe steht! Gleichgültig ob es ein visueller, auditiver oder kinästhetischer Sinnestyp ist.

2. Es gibt keine unlösbaren Schwierigkeiten mehr für einen Menschen, der befähigt ist, das, was jeweils ist, vollständig zu akzeptieren.

3. Wer sich darin übt, sich in Situationen zu LIEBEN, in welchen er sich „normalerweise" ablehnt oder zumindest nicht sonderlich schätzt, gibt seinem Gehirn (bewusst oder unbewusst) den Befehl, diesen Vorgang zu automatisieren. Oder wissenschaftlich formuliert: Spezifische Neurone werden durch dieses neue Verhalten miteinander verknüpft und durch Wiederholung wird die Verknüpfung stabilisiert.

Wenn das Gehirn schließlich nicht mehr anders KANN, als so zu reagieren, wie es ihm durch Wiederholung beigebracht wurde, ist stabiles non-duales Bewusstsein die natürliche Folge.

Stabiles non-duales Bewusstsein bedeutet, dass du, obwohl du (natürlich immer nur subjektiv) sehr wohl zwischen gut und böse, günstig und ungünstig, glücklich und traurig, vorteilhaft und unvorteilhaft etc. zu unterscheiden weißt, von **keinem der beiden Pole dominiert** werden kannst. Um ein Beispiel zu nennen: Wahrscheinlich würde ein angenehmes Gefühl in dir entstehen, wenn du staufrei mit 150 Sachen von Stuttgart nach München brausen könntest. Ebenso wahrscheinlich würde, zumindest zeitweise, ein Gefühl des Widerstands in dir erzeugt werden, wenn du während der ganzen Strecke im Stop-and-go-Modus fahren müsstest. Nonduales Bewusstsein bedeutet, weder vom angenehmen Gefühl noch vom inneren Widerstand **dominiert** zu werden. Das bedeutet: Beide Gefühle werden angenommen und akzeptiert. Im non-dualen Bewusstsein ist alles immer okay, wie es gerade ist, selbst wenn es sich um einen Widerstand handelt.

Non-duales Bewusstsein ist unser natürlicher Zustand. Das ist kein Glaubenssatz, sondern die subjektive Erfahrung all derer, die von der *dualistischen Betrachtungsweise* der dualen Welt befreit wurden.

Es ist nicht nötig und darüber hinaus auch gänzlich unmöglich, non-duales Bewusstsein zu **erlangen**. Ebenso wenig wie man eine Brille **aufsetzen** könnte, die einem schon auf der Nase sitzt, kann man non-duales Bewusstsein erlangen. Man kann nur – um im Bild zu bleiben - von der Überzeugung befreit werden, dass man noch nicht gut genug sieht!

Wenn du dich in jeder Situation LIEBST, in der du dich schämst, dich oder andere verurteilst, dich mies fühlst, frustriert, ärgerlich, wütend bist oder mit Angst reagierst, wird den für dieses Verhalten zuständigen Neuronen mitgeteilt, dass es okay ist, wie es gerade ist.

Diese Information benötigen sie, um sich in ihren natürlichen Zustand „zurückbilden“ zu können und den jeweiligen Zustand, gleichgültig welchen, vollständig zu akzeptieren. Ist die Rückbildung vollendet, musst du ihnen das nicht mehr mitteilen. Mit anderen Worten: Das Agape-Konzept erübrigt sich nun.

Nun magst du dich fragen: Was ist dann anders in meinem Leben? Meine Antwort:

Alles und nichts!

Alles, weil du von deinen spezifischen Verhaltensweisen nicht mehr abhängig bist. Du kannst nun „mit ihnen leben.“ Du wirst sie akzeptieren, Stärken und Schwächen. Nicht weil du musst, sondern weil du nicht mehr anders KANNST. Und was immer geliebt werden kann, verliert seine Macht über dich. Der Machtverlust kommt jedoch nicht über Nacht. Er ist vielmehr ein Prozess, der sich nach der Rückbildung in den natürlichen Zustand in Stufen vollzieht.

Nichts verändert sich, weil sich dein spezifischer Charakter nicht verändert und auch nicht verändern muss, weil du genauso wie du bist, deinem genetischen Bauplan entsprichst und endlich aufhören kannst mit dem irrationalen Bemühen, jemand zu sein, der du niemals sein kannst.

Daher erübrigen sich sämtliche NLP-Interventionen, die ich wie bereits erwähnt, allen anderen bekannten Instrumenten der Psychologie und Psychotherapie vorziehen würde. Wer echte, nachhaltige Veränderungen anstrebt, braucht nur das Agape-Konzept anzuwenden. Der einfachste Weg ist der Beste.

Der Prozess der Desillusionierung

Zunächst: du befindest dich bereits in diesem Prozess. Die meisten Menschen wissen es nur nicht. Nahezu täglich gibt es Situationen, die dich desillusionieren. Selbst ein heftiger Streit mit dem Partner, dem du einst ewige Liebe geschworen hast, dient diesem Ziel. Oder ein brennender Wunsch, der sich einfach nicht erfüllt. Oder das heillose Politikergerangel um Positionen und Ämter, das dir völlig unverständlich erscheint. Oder ein Tsunami, der über 200.000 Menschen auf einen Schlag dahinrafft.

Das Ziel des Prozesses ist seine Beendigung. Dazu ist letztlich alles da. Restlos alles, was du bisher erlebtest und noch erleben wirst. Das Schöne ebenso wie das Schlimme. Jedes Detail unseres Lebens dient *letzthin* nur einem Zweck: der Desillusionierung.

Wenn das, was du Realität nennst, als Illusion durchschaut wird, bist du am Ziel des Prozesses.

Du hast dann nichts erreicht. Du siehst lediglich, dass es noch nie etwas zu erreichen gab. Und du siehst, dass all das, was du im Leben erreicht hast, nur über die Leere geblasener, bunt schillernder Seifenschaum ist.

Diese Erkenntnis wird dich jedoch nicht in Trauer versinken lassen oder gar deprimieren. Um Gegenteil: Diese Erkenntnis ist Freiheit pur!

In Wahrheit sind wir schlicht niemand. Doch um zu DAS zu erkennen, bedarf es der Illusion eines Jemand. Ist der Jemand geboren, beginnt die Reise, die am Ende (den) Niemand offenbar macht.

Stell dir eine weiße Fläche vor. Wie sollte sie sich als weiße Fläche erkennen, wenn es keinerlei Begrenzungen gäbe? Das wäre ein Ding der Unmöglichkeit, denn wohin sie auch sähe, sähe sie nur weiße Fläche. Was würde geschehen, wenn sie sich von Kästchen umrandet sähe?

	X				

Sie würde natürlich annehmen, ein Kästchen unter vielen anderen Kästchen zu sein. Da sie aber kein Kästchen wäre, würde irgendwann der Eindruck entstehen, ihr wahres Sein finden zu müssen. Und so würde sie damit beginnen, ihr

Kästchensein zu hinterfragen. Warum nur bin ich ein von vier Kanten und Ecken begrenztes Kästchen? Worin liegt der Sinn? Wozu bin ich da? Wohin gehe ich?

Freilich könnte diese Frage nicht beantwortet werden, denn ihr Kästchensein wäre ja Illusion. In Wahrheit wäre sie ja weiße Fläche und könnte nie etwas anderes sein. Niemand kann voraussagen, zu welchem Zeitpunkt ihr DAS schließlich klar wird. Doch wenn die Klarheit erscheint, sieht sie, wer sie wirklich ist: Eine einzige weiße Fläche, die nirgendwo herkommt, nirgendwo hingeht und aus keinem Grund da ist. Und wie kam es zu dieser Sicht? Natürlich, nur durch die Illusion, ein Kästchen unter vielen anderen Kästchen zu sein.

Spirituelle Traditionen bieten Methoden zur Desillusionierung. Eine ist Meditation. Zweifellos ist Meditation eines der geeignetsten Mittel zur Desillusionierung, weil sie dich zum Beobachter macht. Wer still sitzt, wird schließlich erkennen, dass er nicht der Initiator seiner Gedanken und Gefühle ist. Sie werden ihm wie Wolken erscheinen, die kommen und wieder gehen. Und so wird der Meditierende schließlich erkennen, dass er weder der Denker, noch der Fühlende, noch der Meditierende ist. Also wird der scheinbare Jemand als Niemand entdeckt.

Ramesh Balsekar empfahl die Methode der Selbstuntersuchung. Denk darüber nach, was dich bewog, eine Entscheidung zu treffen, von der du glaubst, sie aus eigener Initiative getroffen zu haben. Wenn du dieser Frage aufrichtig auf den

Grund gehst, wirst du schließlich herausfinden, dass es vor jeder Entscheidung einen Gedanken oder einen Umstand gab, über den du keinerlei Kontrolle hattest, und so wird dir klar, dass jede Entscheidung lediglich eine Reaktion ohne individuellen Handelnden war, eine Reaktion, die so und nicht anders zustande kommen musste. Wenn diese Klarheit erscheint, ist der Jemand, der Entscheidungen trifft, wiederum als Niemand entlarvt. Da ist weder jemand, der denkt, noch jemand, der handelt. Alles geschieht vielmehr nur aus einem Grund: Um zu sehen, dass niemand existiert. Und dass alles, was existiert, Seifenschaum ist, der letzthin nur einen Zweck erfüllt: Die Leere inmitten der Seifenblase zu sehen. Den Niemand, der glaubt, Jemand zu sein.

Thaddeus Golas empfahl, dich in allem zu lieben. Egal, was du denkst, liebe dich dafür, dass du es denkst. Egal was du tust, liebe dich dafür, dass du es tust. Wer darin konsequent ist, wird schließlich entdecken, dass er, egal, was geschieht, immer zu lieben vermag. Und so wird er schließlich erkennen, dass der Jemand, der glaubt, einmal zu lieben und dann wieder zu hassen, einmal oben zu sein und dann wieder unten, Illusion ist. Am Ende bleibt wiederum niemand, (der liebt oder hasst.)

Aus meiner Sicht ist diese Methode zur Desillusionierung die am einfachsten im täglichen Leben anwendbarste unter allen. Und sie hat darüber hinaus den positiven Effekt, dass es dir auch als illusionäres Kästchen gut geht, denn wer liebt, berührt „unbewusst“ seine wahre Natur, worauf sich dein Erlebniskosmos im Kästchenspiel harmonisiert.

Denk aber nicht, dass diese Methode dich irgendwo hin bringt. Letzthin kann sie, wie alle anderen Methoden zur Desillusionierung, nur dazu führen, die falsche Annahme auszuradieren, jemand zu sein. Jemand, der geboren wurde, sich entwickelt, Freude und Schmerz erlebt und irgendwann stirbt. Diesen Jemand gibt es in Wirklichkeit nicht, der eigentliche Zweck seines illusionären Erscheinens dient nur der Klarheit, niemand zu sein.

Es ist blanker Unsinn, zu glauben, dass diese Klarheit ohne den Prozess der Desillusionierung erscheint. Wer meint, nur daran glauben zu müssen, niemand zu sein, wird diesen Glauben wieder verlieren. Auch das auf intellektuellem Wege erworbene Verständnis, der Jemand sei Illusion, muss sich immer wieder verlieren. Desillusionierung ist ein Prozess, der nicht auf intellektuellem-, sondern auf organischem, metabolischem Wege stattfindet. Ähnlich der Metamorphose eines Schmetterlings. Es würde nichts nützen, könnte eine Raupe glauben oder erkennen, dass sie „in Wahrheit“ ein Schmetterling ist. Der Schmetterling wird erst erscheinen, wenn die Zeit reif ist. Zunächst wird sich die Raupe zu einem unbeweglichen Kokon verpuppen. Alle Desillusionierten erleben vor dem Ende des Desillusionierungsprozesses ein Stadium, in welchem nichts mehr voran zu gehen scheint. Man fühlt sich, als wäre man schon gestorben. Alles verliert an Bedeutung. Man könnte auch sterben. Es wäre nicht von Belang. Wie die Puppe verweigert man alle Nahrung, von der man sich vorher Lebensfreude versprach. Doch dann bricht die Puppenhülle und ein neues Wesen erscheint. Anschließend gibt es kein Zurück mehr. Der Zustand eines vollständig Desillusionierten ist irreversibel. Ebenso wenig wie ein Schmetterling glauben oder verstehen muss, dass er fliegen kann, muss ein Desillusionierter glauben oder verstehen, dass seine Nicht-Existenz die einzige Wirklichkeit ist.

Die Glückseligkeit der Desillusionierten

Vollständige Desillusionierung ist das Ende eines Prozesses, den niemand initiiert und niemand vollendet. Solltest du danach streben, dich danach sehnen, desillusioniert (oder erleuchtet) zu werden, ist es kein Beweis dafür, dass du das bewirkt hast. Es ist lediglich ein Beweis dafür, dass der Prozess in seiner Endphase angelangt ist.

Vorher streben wir nach Glückseligkeit. Materiell, emotional, spirituell. Und werden immer wieder enttäuscht. „Auf und nieder, immer wieder!“ Irgendwann erreicht dieser Prozess seinen Höhepunkt, der jedoch als Tiefpunkt empfunden wird. Dann erst haben wir keine andere Wahl mehr, als uns nach *vollständiger* Desillusionierung zu sehnen.

Mein Freund, wir haben nie eine Wahl, selbst wenn es so scheint. Wenn du die Hilfe eines sogenannten spirituellen Lehrers suchst, hast du dich nur scheinbar dafür entschieden. In Wahrheit ist es schlicht deine Bestimmung. Und wenn du sie nicht suchst, wenn du meinst, keine Hilfe zu brauchen, gilt genau dasselbe: Es ist dir nicht bestimmt, sie zu suchen, und nur deshalb hast du das Gefühl, sie nicht zu brauchen.

Weil mir dies bewusst ist, versuche ich nie, jemand zu überzeugen. Ich bezeuge nur, was ich sehe. Darin habe auch ich keine Wahl, denn ich handle ebenso wenig wie du. Wir alle funktionieren nur unserer Bestimmung gemäß. Egal ob Weiser, Normalbürger oder Psychopath.

Daher gibt es essentiell keinen Unterschied zwischen uns. Wir alle sind nur hilflose Instrumente des kosmischen Willens. Und da ist niemand, der etwas will. Es scheint nur so, als wäre da jemand, der etwas will oder nicht will.

Leben ist in Wahrheit ein unpersönlicher Prozess, in dem sich das, was nie geboren wurde, sich nicht entwickelt und nie sterben kann, als genau DAS entdeckt. Ohne diesen Prozess des Geborenwerdens, des Entwickelns und Sterbens wäre diese Entdeckung unmöglich. Das heißt: Wenn kein begrenztes Dasein existieren würde, würde das, was nicht ist, niemals entdecken, das es in Wahrheit nicht ist. Wenngleich das Beispiel ein wenig hinkt, ist es so ähnlich wie ein Blick in den Spiegel: Du entdeckst dich und wirst dir gleichzeitig dessen bewusst, dass das, was „im Spiegel" erscheint, nicht das ist, was du „in Wirklichkeit" bist.

Ohne in den Spiegel zu sehen, wäre diese Erkenntnis jedoch völlig unmöglich. Das bedeutet: Erst dadurch, dass du **siehst**, was im Spiegel erscheint, vermagst du auch zu erkennen, dass das, was erscheint, nicht das ist, was du **bist**.

Dieses Spiegelspiel – wir nennen es Zeit, Raum, Kausalität – hat nie begonnen. Wie auch, es erscheint ja nur als Spiegelbild dessen, was nicht ist. Da ist niemand, der es initiiert hat und daher auch niemand, der es beenden könnte. Er ist schlicht das, was **sein muss**, damit sich das, was ohne den Spiegel „unentdeckt" bliebe, zu entdecken vermag.

Dies geschieht nicht oftmals und auch nicht immer wieder in der Geschichte, es ist vielmehr das, was nicht ist und nur so erscheint, als würde es sein, damit das, was nicht ist, sich als nicht anwesend zu erkennen vermag. Und die Beobachtung, dass es von bestimmten Personen als sich stets wiederholendes Erkennen in der Zeit erlebt wird, (von Laotse, Buddha, Jesus, Meister Eckhard, Ramana Maharshi, Osho, Ramesh Balsekar u.v.a.) gehört zu dem Irrtum, den der Blick in den Spiegel bewirkt, solange er nicht zum Durchblick geworden ist. Anders formuliert: Siehst du in den Spiegel, ohne zu erkennen, dass das, was erscheint, nicht das ist, was du bist, wirst du meinen, es gäbe einzelne Personen, die diese Entdeckung machten oder in Zukunft machen können. In Wahrheit gehört auch dieser Eindruck zu der Täuschung, den der Blick in den Spiegel bewirkt, solange nicht durchgeblickt wird. Der Blick auf die zeitlich-räumliche Welt mit all dem, was in ihr geschieht, ist einfach nur das, was nicht ist. Und das, was nicht ist, ist nicht in Zeit und Raum und daher akausal. Daher ist der Durchblick ebenso zeitlos wie das, was ist und gleichzeitig nicht ist. Das, was nicht ist, erblickt im ewigen Jetzt, dass es nicht ist, und wenn „jemand" durchblickt, bestätigt sich damit nur, das „niemand" da ist und auch noch nie „jemand" da war, der durchblicken müsste.

Sartre schrieb in seinem Werk *Das Sein und das Nichts*: *Das Erkennende ist nicht, es ist nicht erfassbar. Es ist nichts anderes als das, was macht, dass es ein Da-sein des Erkannten gibt, eine Anwesenheit – denn von sich selbst ist das Erkannte weder anwesend noch abwesend, es ist einfach. Aber diese Anwesenheit des Erkannten ist Abwesenheit bei nichts, da das Erkennende reine Spiegelung eines Nicht-Seins ist, sie erscheint daher, durch die vollständige Transluzidität des erkannten Erkennenden hindurch, als absolute Anwesenheit.*

Entdeckt sich das, was ohne den Spiegel"durch"blick unentdeckt bleibt, ist der Prozess abgeschlossen, der nur ein Prozess zu sein scheint, solange nicht durchgeblickt wird. Und dann bleibt nur das übrig, was du niemals warst, weil du ja nicht bist. Solange der Körper funktioniert, ist der Spiegel zwar noch vorhanden, aber nun es völlig unmöglich, das, was im Spiegel erscheint, als Wirklichkeit zu betrachten. Der Blick in den Spiegel wird also als Spiegelung dessen, was ich nicht bin und niemals sein konnte und kann, durchschaut. Und aus diesem Grund können jene, die das Geheimnis der Welt durchschauen, über nichts anderes mehr interessiert und fasziniert sprechen. Denn alles andere erscheint ihnen natürlich als nicht-ig, weil sie es als Spiegelung dessen, was sie in Wahrheit nicht sind, durchschauen.

Wenn dir dieser Durchblick erstrebenswert scheint, ist es ein Beweis dafür, dass die Vollendung des Prozesses naht. Denn es ist völlig unmöglich, Durchblick anzustreben, wenn der Prozess nicht dahin drängt.

Ich kann dir zwar sagen: Tu nichts, denn der Prozess sorgt selbst für seine Vollendung! Du wirst trotzdem nicht auf mich hören, denn das, was du selbst zu tun meinst, ist genau das, was ohne dein Zutun zu seiner Vollendung geschieht. ☺

Selbst wenn das, was du tust, kontraproduktiv zu sein scheint, ist es in Wahrheit genau das, was den Prozess vollendet. Am Ende findest du immer heraus, dass du nie etwas getan hast, weil das, was du in Wahrheit bist, lediglich herausfinden muss, dass das, was im Spiegel erscheint, das ist, was es in Wahrheit nicht ist. Dass also nichts anderes als **nichts alles** ist. Dieser Durchblick und **nur er** ist die Glückseligkeit aller Desillusionierten.

Der verlorene Sohn (Lukas 15: 11-32)

11 Und er (Jesus) sprach: Ein Mensch hatte zwei Söhne.

Den zweiten Sohn gibt es in Wahrheit nicht. Er dient nur als dramaturgisch notwendige Figur in diesem Gleichnis, das das ewige Spiel der Quelle vom dualen Standpunkt beleuchtet.

12 Und der jüngste unter ihnen sprach zu dem Vater: Gib mir, Vater, das Teil der Güter, das mir gehört. Und er teilte ihnen das Gut.

So erfährt sich die Quelle, wenn eins scheinbar zwei wird. Blind für sich selbst und ihren unermesslichen Reichtum, möchte sie sich selbst besitzen, unabhängig und frei sein.

13 Und nicht lange danach sammelte der jüngste Sohn alles zusammen und zog ferne über Land; und daselbst brachte er sein Gut um mit Prassen.

Die Quelle verlässt sich (scheinbar) selbst, und dabei erscheint sie sich als ein getrenntes, eigenständiges Individuum. Als solches lebt sie in dem Wahn „mehr“ zu bekommen, erfährt jedoch, dass sie (scheinbar) immer „weniger“ besitzt.

14 Da er nun all das Seine verzehrt hatte, ward eine große Teuerung durch dasselbe ganze Land, und er fing an zu darben.

Wenn die Quelle das, was sie (scheinbar) jenseits der Quelle als Individuum genießt, an „mitgebrachter“ Energie aufgebraucht hat, verwandelt sich ihr Erlebniskosmos in Mangel. Zunächst in Umständen (Teuerung im Land), dann emotional. (Darben)

15 Und ging hin und hängte sich an einen Bürger des Landes; der schickte ihn auf seinen Acker, die Säue zu hüten.

Die Quelle, geblendet durch ihren Wahn oder der Illusion, ein von der Quelle getrenntes Individuum zu sein, versucht nun ihren (scheinbaren) Mangel zu überwinden, doch dieser Versuch bringt ihr keinen Gewinn, im Gegenteil, er führt zu immer stärkerer Involvierung und Abhängigkeit, zu Schwerstarbeit und zum Abstieg in alle möglichen „Schweinereien“.

16 Und er begehrte seinen Bauch zu füllen mit Trebern, die die Säue aßen; und niemand gab sie ihm.

Und zu all dem Unglück (oder Glück) wird dieses Begehren nicht erfüllt. Die Quelle sehnt sich nach der Fülle, ist dabei am Ende nicht einmal mehr wählerisch, aber da ist natürlich niemand, der ihr etwas geben könnte, weil sie ja alles ist, was existiert. Doch um das zu erfahren, muss sie zu sich selbst zurückkehren.

17 Da schlug er in sich und sprach: Wie viel Tagelöhner hat mein Vater, die Brot die Fülle haben, und ich verderbe im Hunger!

Erst ganz am Ende des Versuchs der Quelle, in der Selbstentfremdung Fülle zu finden, ERINNERT sie sich an sich selbst (den Vater) und die Fülle in sich selbst.

18 Ich will mich aufmachen und zu meinem Vater gehen und zu ihm sagen: Vater, ich habe gesündigt gegen den Himmel und vor dir.

Könnte die Quelle zu diesem Entschluss kommen, wenn sie nicht das Empfinden hätte am Ende zu sein? Niemals! Im Grunde ist der Entschluss zur Rückkehr das **Ergebnis** der ergebnislosen Suche der Quelle nach Fülle in der (scheinbaren) Trennung von der Quelle (dem Vater). Das ist das Spiel: Die Quelle verlässt sich (scheinbar) selbst, um in der (scheinbaren) Verlassenheit ihrer selbst zu erkennen, dass ihr das Verlassen ihrer selbst keinen Gewinn, sondern Verlust bringt. So fühlt sich die Quelle schuldig, weil ihr (noch) nicht bewusst ist, dass sie sich nur selbst sucht, und noch immer glaubt, ein von der Quelle getrenntes Individuum zu sein, das die Quelle (den Vater) aus eigener Initiative verließ.

19 und bin hinfort nicht mehr wert, dass ich dein Sohn heiße; mache mich zu einem deiner Tagelöhner!

Das Schuldgefühl führt zur Selbstentwertung. Doch in diesem notwendigen Stadium ist das ganze Verlangen der Quelle nur noch auf die Rückkehr in die Quelle gerichtet. Nichts anderes gilt ihr noch etwas. Weder Reichtum noch andere sinnliche Freuden. Das sehnliche Bedürfnis zur Rückkehr verkleidet sich zumeist in dem Verlangen nach Erleuchtung.

20 *Und er machte sich auf und kam zu seinem Vater. Da er aber noch ferne von dannen war, sah ihn sein Vater, und es jammerte ihn, lief und fiel ihm um seinen Hals und küsste ihn.*

Die Quelle kann uns nicht schuldig sprechen, sonst müsste sie sich selbst schuldig sprechen. Daher kann es in der Quelle selbst kein Schuldgefühl geben. Gleichgültig wie weit sie sich von sich selbst entfernt zu haben scheint, ist sie nie etwas anderes als die Quelle. Selbst wenn sie erst auf dem Weg zu sich selbst ist, erfährt sie sich als sich selbst umarmende, bedingungslose Liebe, denn Liebe ist ihre Natur. Wenn du, angeregt durch ein Buch oder einen spirituellen Freund, den Impuls in dir spürst, alles zu lieben, bist du in diesem Stadium der (scheinbaren) Rückkehr zu dir selbst.

21 *Der Sohn aber sprach zu ihm: Vater, ich habe gesündigt gegen den Himmel und vor dir; ich bin hinfort nicht mehr wert, dass ich dein Sohn heiße.*

Das Schuldgefühl lässt die Quelle glauben, dass sie ihrer selbst nicht wert ist, die Selbstverachtung geht daher so weit, dass sie nicht zu erkennen vermag, dass sie nichts anderes ist als die Quelle. Sei also nicht allzu traurig, wenn du dich selbst nicht- oder nur zaghaft zu lieben vermagst. Es ist ein Zeichen dafür, dass die Quelle sich nicht mehr zu vermeiden vermag.

22 *Aber der Vater sprach zu seinen Knechten: Bringet das beste Kleid hervor und tut es ihm an, und gebet ihm einen Fingerreif an seine Hand und Schuhe an seine Füße,*

23 *und bringet ein gemästet Kalb her und schlachtet's; lasset uns essen und fröhlich sein!*

Das Zurückgekehrtsein der Quelle zur Quelle ist immer ein Fest. Es ist immer Genuss. Kein Vorwurf, keine Bestrafung, keine Buße, keine Forderung. Und es ist immer mit dem Empfinden höchster Würde verbunden: Ich bin nichts anderes als die Quelle. (Die Würde ist symbolisiert durch das beste Kleid, die Schuhe, den Ring.)

24 denn **dieser mein Sohn war tot und ist wieder lebendig geworden; er war verloren und ist gefunden worden.** Und sie fingen an fröhlich zu sein.

Die Quelle geht sich selbst (scheinbar) verloren, um zu erkennen, dass sie nie etwas anderes war als die Quelle. Interessant ist, dass Jesus nicht sagte: „und nun fand mein Sohn wieder nach Hause zurück“, sondern: „… er war verloren und ist gefunden **worden**.“ Verloren gehen und finden ist ein Geschehen, nicht etwas, wozu „ich“ mich entscheide. Und in Wahrheit gibt es weder einen, der verloren geht, noch einen, der zurück fand. Da war nur das Gefühl, verloren zu sein und gefunden zu werden.

25 *Aber der älteste Sohn war auf dem Felde. Und als er nahe zum Hause kam, hörte er das Gesänge und den Reigen;*

26 *und er rief zu sich der Knechte einen und fragte, was das wäre.*

27 *Der aber sagte ihm: Dein Bruder ist gekommen, und dein Vater hat ein gemästet Kalb geschlachtet, dass er ihn gesund wieder hat.*

28 *Da ward er zornig und wollte nicht hineingehen. Da ging sein Vater heraus und bat ihn.*

29 *Er aber antwortete und sprach zum Vater: Siehe, so viel Jahre diene ich dir und habe dein Gebot noch nie übertreten; und du hast mir nie einen Bock gegeben, dass ich mit meinen Freunden fröhlich wäre.*

30 *Nun aber dieser dein Sohn gekommen ist, der sein Gut mit Huren verschlungen hat, hast du ihm ein gemästet Kalb geschlachtet.*

Der zweite Sohn ist wie bereits erwähnt lediglich eine dramaturgisch notwendige Figur in diesem Gleichnis. In Wahrheit gibt es ihn nicht, denn wir alle sind ausnahmslos die eine Quelle, die sich scheinbar verliert und wiederfindet, um sich in ewiger Selbstumarmung feiern zu können. Die Figur des zweiten Sohnes zeigt, dass diese Feier unmöglich wäre, würde es das Spiel des Verlierens und Wiederfindens nicht geben. Würde die Quelle sich nicht (scheinbar) verlassen und zu sich selbst zurückkehren, gäbe es nicht die Freude des (scheinbaren) Findens.

Denk also nicht, was du an tragischen Ereignissen in dieser Welt wahrnimmst, sei jemals etwas anderes als das ewige Spiel des sich-selbst-Verlorengehens und sich-selbst-Wiederfindens der Quelle. Alles, auch das Entsetzlichste, Schlimmste, Grauenvollste, Abartigste (symbolisiert im Schweinetrog) **ist die Quelle** auf ihrem virtuellen Weg zu sich selbst. Es ist bedingungslose Liebe, die sich im Bewusstsein dessen, dass es zweifellos zu ihrer Selbstfindung führt, keiner Selbstentfremdung zu verweigern vermag.

Allerdings ist der zweite Sohn auch ein Gleichnis für all jene Menschen, die (scheinbar) nicht nach Freiheit suchen, sondern sich (mit Feldarbeit) abmühen, dem Vater (sich selbst) zu gefallen, und daher auch niemals in den Zustand vollständiger Verlassenheit geraten. Wie sollten sie jene verstehen, die sich vom Vater (der Religion und ihren Geboten) abwandten, von den Trebern der Schweine (weltliche Freuden) ernährten und sich erst am Nullpunkt angekommen schließlich auf sich selbst besinnen? Wie sollten sie nicht zornig und neidisch auf die sein, welche jenseits aller gesellschaftlich und religiös anerkannten Kriterien das Geschenk bedingungsloser Liebe zu feiern vermögen? Verständlich dass sie das Leben anklagen und fordern, es müsse sie ebenso und noch mehr als diese „Nichtsnutze“ belohnen. Doch dieses Fest ist keine Belohnung. Im Gegenteil: Es kann nur denen gefeiert werden, die sich jeder Belohnung unwürdig erweisen. Denn das Fest bedingungsloser Liebe wird nur gefeiert, wenn es keine Bedingungen mehr gibt. Es ist das Fest der Quelle, die sich selbst feiert, weil es von der Illusion befreit ist, es könne einen Suchenden oder einen Findenden geben. Verloren gehen und finden ist ein von *niemandem* verursachtes **Geschehen**, nicht etwas, wozu „ich“ mich entscheiden könnte. Siehst du also auf das „Verhalten“ derer, die feiern, wirst du zwangsläufig an der Quelle, die in Wahrheit die Rückkehr des verlorenen Sohnes in Ewigkeit feiert, vorbeisehen.

31 Er aber sprach zu ihm: Mein Sohn, du bist allezeit bei mir, und alles, was mein ist, das ist dein.

32 Du solltest aber fröhlich und gutes Muts sein; denn dieser dein Bruder war tot und ist wieder lebendig geworden; er war verloren und ist wieder gefunden.

Selbst das Vorbeisehen ist nichts anderes als das Vorbeisehen der Quelle im Stadium der Selbstvermeidung. Denn du bist „allezeit bei mir“, der allumfassenden Quelle. Noch mehr: Du bist die Quelle und kannst nie etwas anderes sein.

Also gibt’s nie einen Grund nicht zu feiern!

Der trügerische Verstand

Was ist der Verstand? Im Grunde nur ein Begriff für einen unentwegten Prozess von Gedanken, die niemand denkt.

Solange du diesen Prozess nicht als das, was er ist, zu durchschauen vermagst, wirst du glauben: **Ich** denke diese Gedanken.

Wenn du aber glaubst: Ich denke diese Gedanken, leitest du aus ihnen ab, dass das, was gedacht wird, die Wirklichkeit oder wahr ist. Doch Gedanken sind nicht verlässlich: Ein Beispiel:

Nehmen wir einmal an, neben dir wohnte jemand, dem du täglich begegnest. Morgens und abends. Du grüßt ihn, wann immer er an dir vorüber läuft. Doch er erwidert niemals deinen Gruß. Wahrscheinlich ist, dass sich folgender Gedanke in dir ereignet: Dieser Mensch ist ein unhöflicher, vollkommen ichbezogener, arroganter Stoffel! Und natürlich würdest du diesem Gedanken Glauben schenken.

Eines Tages stellt sich jedoch heraus, dass der Mensch stumm ist. Es war ihm schlicht **unmöglich**, deinen Gruß zu erwidern. Nun, was meinst du, welche Gedanken sich dann in dir ereignen würden? Vielleicht: Ach, so ein armer Mensch, er kann ja nicht sprechen, ich tat ihm unrecht, wenn auch nur in Gedanken. Und vielleicht würdest du dich sogar schuldig fühlen.

Gedanken sind niemals verlässlich. Und solange du dich auf sie verlässt, wirst du von ihnen abhängig sein. Oftmals führt das zu vollkommen unangemessenen Reaktionen, die dir jedoch als vollkommen rechtens erscheinen. Schuld sind meistens die Anderen. Und deine Gedanken liefern dir natürlich genügend Material zum Beweis deiner Bewertung.

Das Ende des Leidens erfährst du, wenn sich das klare Sehen ereignet, dass du nicht bist, was du denkst. Da sind nur Gedanken und sie sind nicht verlässlich, sie sind nur das Ergebnis einer Konditionierung.

Du kannst nie verlässlich wissen, was wahr und was unwahr ist, bis du damit aufhören kannst, zu glauben, dass das, was (in dir) gedacht wird, etwas anderes sind als Gedanken, die unaufhaltsam kommen und gehen.

Du wirst diesen Glauben aber nicht ablegen können, bis das klare Sehen geschieht. Denn in Wahrheit ist da niemand, der denkt, dass **er** denkt. Es denkt einfach nur: „Ich“ bin es, der das alles denkt. Und solange es sich so denkt, hast du keine andere Wahl, als all das Verstandeszeug, das sich denkt, für wahr zu halten.

Du kannst niemals nicht denken, Gedanken werden sich immer ereignen, doch wenn sich das klare Sehen ereignet, wirst du frei sein von dem trügerischen Eindruck: **Ich** denke und was ich denke ist wahr. Und erst wenn das geschieht, wirst du klar sehen, dass deine Gedanken einfach nur Gedanken sind, lauter Verstandeszeug und nicht etwa die Wahrheit. Wenn jedoch das erscheint, was niemals in den Gedankenstrom involviert war, weißt du nicht nur, was wahr und unwahr ist – du bist (dann) die Wahrheit.

Die Frage ist: Bist du Gott?

Gott ist Liebe. Wie ist das möglich, wenn er der Ursprung **aller** Dinge ist? Ist Liebe nicht der Gegensatz von Gleichgültigkeit und Hass?

Weil man dieses intellektuelle Problem nicht lösen konnte, erfand man den Teufel. Ihn machte man zum Gegenpol Gottes und schob ihm sämtliche Bosheit der Welt in die Schuhe.

Das Motiv war gut, es diente zweifellos der Verteidigung Gottes, aber wie so oft erwies sich das Gute als Feind des Besten. Die Folgen dieses gedanklichen Irrtums waren und sind noch immer fatal, wie die Menschheitsgeschichte beweist.

Denn nun existierte nicht nur der Teufel als abstraktes Geistwesen, es gab natürlich von nun an auch jene, die auf seiner Seite stehen und ihn verkörpern. Und das sind natürlich immer diejenigen, die den „wahren Gott“ verleugnen. Wer aber ist der wahre Gott? Natürlich ist das immer der, an den ICH glaube. Die Anderen sind immer des Teufels! Ist doch wohl klar!

Ich kenne leider nur zwei Verse in der ganzen Bibel, die diese letzthin unlogische Interpretation des Bösen mit klaren Worten widerlegen. Der erste Vers ist allerdings weitaus weniger aussagekräftiger als der zweite.

Ist auch ein Unglück in der Stadt, dass der HERR nicht tue? Amos 3:6

Ich bin der HERR, und sonst keiner mehr; kein Gott ist außer mir. Ich habe dich gerüstet, da du mich noch nicht kanntest, auf dass man erfahre, von der Sonne Aufgang und der Sonne Niedergang, dass ***außer mir keiner*** *sei. Ich bin der HERR, und keiner mehr; der ich das Licht mache* ***und*** *schaffe die Finsternis, der ich Frieden gebe* ***und*** *schaffe das Übel. Ich bin der HERR,* ***der solches alles tut****. Jesaja 45:5-7*

Hast du schon jemals eine Predigt gehört, die diese Verse zur Grundlage hat? Wahrscheinlich nicht. Der Grund ist leicht durchschaubar: Sie zerstören das dualistische Gott-Teufel-Konzept und damit die Grundlage jeder monotheistischen Religion. Und im Grunde genommen ist jede Religion monotheistisch, selbst der Buddhismus und der Taoismus wurden es im Volksempfinden. Sobald die Wirklichkeit zu einem ISMUS wird, ist sie monotheistisch.

Warum zerstören diese Verse die Grundlage der monotheistischen Religionen? Nun, wenn Gott Ursprung sowohl des Guten als auch des Bösen ist, braucht man keine geistlichen Institutionen und auch keine Priester. Man braucht keine Ethik. Man braucht keinen Glauben. Man braucht keine Beichte. Man braucht keine Gebete. Und es gibt auch keine Feinde des Glaubens.

Egal was du denkst, fühlst oder tust – es ist Gott, und es **muss Gott sein**, denn außer ihm ist ja keiner! Nimmst du diesen Vers ernst, kannst du den Rest der Bibel entsorgen. Bis auf einen einzigen anderen Vers, der sich im 1. Johannesbrief Kapitel 4 Vers 16 findet: *Gott ist Liebe (*αγάπη) *und wer in der Liebe (*αγάπη) *bleibt, der bleibt in Gott und Gott in ihm.*

Im griechischen Urtext ist das Wort Liebe Agape (=αγάπη). Ich übersetze das altgriechische Wort mit „objektloser Liebe". Manche Übersetzer denken, die Bedeutung sei: *selbstlos schenkende Liebe*. Das ist auch in Ordnung, obwohl es ein wenig schwülstig klingt, finde ich.

Mit diesem Begriff ist im Grunde genommen schon erklärt, weshalb wir Gott, wenn er Liebe (Agape) ist, unmöglich als Gegensatz zur Gleichgültigkeit oder zum Hass betrachten können. Liebe, die zu Hass werden kann, hat immer ein Objekt, das sie entweder liebt oder hasst. Beispiel: Wenn ich jemanden liebe, der vorgibt, nur mich ganz allein und bis der Tod uns scheidet zu lieben, jemand anderen jedoch genau dasselbe sagt, und mich daher betrügt, dann mag Hass auf ihn entstehen. Wie sollte jedoch Hass entstehen können, wenn meine Liebe unabhängig ist von dem Verhalten des anderen? Wenn ich also „objektlos" liebe? Völlig unmöglich.

Trotzdem bleibt natürlich trotzdem ein nicht geringer intellektueller Konflikt. Denn wenn Gott sowohl Ursprung des

Guten als auch des Bösen und gleichzeitig objektlose Liebe ist, entsteht automatisch die Frage: Wie passt das zusammen?

Es passt nicht und es wird niemals passen, wenn wir nicht sehen, dass Gott nur auf der dualen Ebene Gut und Böse ist. Heißt im Klartext: Nur aus unserer Perspektive existiert überhaupt Gut und Böse.

Wenn ich und du dieselbe Frau lieben und sie entscheidet sich trotz all meines Engagements für dich, dann ist das natürlich gut – allerdings nur für dich. ☺ Für mich ist es alles andere als gut, für mich bist du, der Nebenbuhler, natürlich grundböse. ☹ Für uns in Deutschland ist die Tatsache, dass wir flächendeckend Supermärkte mit einem Warenangebot von teilweise 30.000 Produkten finden, (außer du gehst zu Aldi, das gibt's nur 600, allerdings billiger) natürlich ein Segen, also etwas Gutes, ☺ für Völker, deren Einkommen unter der Armutsgrenze liegt, ist es die pure Verschwendung und damit böse. ☹ Ein frisches Brathähnchen ist etwas feines, (find ich) ☺ für das Hähnchen allerdings bedeutet es den Tod. ☹ Du gewinnst in einem Wettbewerb, ☺ der andere jedoch scheidet aus, ☹ sonst könntest du nicht gewinnen! Wiederum: Was für dich Sieg und Anerkennung bedeutet, ☺ ist für den Anderen Niederlage und Schmach. ☹ Ganz egal, was du dir anschaust, etwas, das für dich gut ist, ist für ein anderes Lebewesen böse, und was für dich böse ist, ist für jemand Anderen gut.

Wie kann Gott Liebe sein? Weil er nondual ist. In ihm gibt es weder Finsternis noch Licht. Weder Gut noch Böse. Weder Philia (freundschaftliche Liebe) noch Hass. Gegensätze tauchen nur auf der dualen Ebene auf. Und solange du dich auf dieser Ebene aufhältst, wirst du nicht verstehen, weshalb Gott Liebe αγάπη ist. Das kannst du erst dann, **wenn du Gott bist**. Und praktisch bedeutet das, dich selbst zu erkennen. Dass, was du wirklich bist. Deinen Wesenskern also, der nondual ist.

Wenn du dich auf deinen Wesenkern besinnst, der objektlose Liebe (Agape αγάπη) ist, wirst du am Ende gar nicht mehr anders können, als das, was geschieht, **einfach als das, was geschieht**, zu betrachten. Dein Alltags-Ich wird natürlich noch immer „So ein Sauwetter!“ vor sich hin granteln, wenn dir ein eiskalter Wind ins Gesicht bläst, aber gleichzeitig wird es für dich einfach das sein, was gerade geschieht! Den Bus zu verpassen ist für Agape nichts anderes als ihn zu kriegen! Viel Geld zu verdienen ist für Agape nichts anderes als alles zu verlieren. *Es gibt weder Gelingen noch Misslingen*, schreibt Hubert Benoit in seinem leider vergriffenen Buch „Die hohe Lehre“. Der hat leicht reden, magst du bemerken, wenn dir das Wasser bis zum Hals steht. Nein, hat er nicht, lieber Freund, liebe Freundin, denn er war ein Mensch wie du und ich. Und du kannst sicher sein, dass auch ihm wohler war, wenn er den Bus nicht verpasste.

Die Frage ist daher nicht: Kann ich alles akzeptieren? Denn „du“ kannst das nicht und wirst es nie können. Und das ist auch gut so, du könntest sonst nicht überleben. Nicht-Akzeptanz gehört zu deinem Lebensprogramm! Also versuche es erst gar nicht. Die Frage ist vielmehr: Bist du Gott?

Wenn du Gott bist, wirst du dein Menschsein nicht nur annehmen **können**, du hast gar keine andere Wahl mehr. Ob die Situation angenehm oder unangenehm ist. Denn Gott ist Agape, die Liebe ohne Objekt. Und in dieser objektlosen Liebe gibt es immer nur das was geschieht. Egal ob es angenehm oder unangenehm ist.

Die Welt ist perfekt

So wie sie ist, diese Welt, ist sie perfekt. Nichts ist an ihr auszusetzen. Weder der Hunger in der dritten Welt, noch die terroristischen Anschläge der Islamisten. Weder die Umweltverschmutzung noch politische Systeme der Unterdrückung. Weder Folter noch Korruption. Weder Naturkatastrophen noch Flugzeugabstürze.

Es gibt schlicht überhaupt nichts, was nicht perfekt wäre. Der skrupellose Papst, der unmenschliche religiöse Dogmen über die Menschlichkeit stellt, der Kriegstreiber Bush, der wirtschaftliche Interessen mit der Strategie zur Verteidigung gegen den Terrorismus verbrämte ebenso, wie deren Kritiker. Jeder Gedanke, jedes Gefühl jede Handlung, jede Erscheinung ist perfekt. Das Schöne, Gute und Wahre ebenso wie das Hässliche, Schlechte und Böse.

Wir sind nur nicht in der Lage, all diese scheinbar negativen und destruktiven Ereignisse als perfekt zu bewerten, weil uns der Durchblick fehlt. Deswegen kritisieren wir offensichtliche Ungerechtigkeiten und bemühen uns um Gerechtigkeit. Und das ist natürlich ebenso perfekt. Allerdings sollte uns klar sein, dass das Bemühen um Gerechtigkeit nur möglich ist, weil es Ungerechtigkeit gibt.

Wie kommt man zu dieser Anschauung? Indem man durchblickt. Und was bietet sich dann dem Blick dar: Eine Quelle, die Ausdruck aller Erscheinungen ist. Der guten ebenso wie der bösen.

Die Quelle ist jenseits aller Ethik. Was aus ihr herausfließt ist einfach „die eine Quelle in ihrem Fließen“. Wenn dabei zwei Flüsse entstehen, die man gut und böse, schön und hässlich, wahr und unwahr nennt, ändert das nichts an deren Ursprung, der einen Quelle.

Perfekt ist sie nicht, weil sie gut ist. Nein, perfekt ist sie deshalb, weil **nur sie** existiert. Man könnte sie natürlich auch unvollkommen und entwicklungsbedürftig nennen, doch das würde nichts daran ändern, dass nur sie existiert. In jedem Fall ist es unsinnig, sich über sie zu beschweren, weil es ja keine Alternative zu ihr gibt. Beschwere ich mich beispielsweise über den Papst oder Bush – was ich ja immer wieder hartnäckig tue – bedeutet das letztlich, dass sich die Quelle über die Quelle beschwert. Und nicht nur das: es bedeutet gleichzeitig, dass meine Kritik an der Quelle ebenso die Quelle ist, wie das Objekt meiner Kritik. Denn wenn nur eine Quelle existiert, muss sowohl derjenige, der sie kritisiert, als auch das, was kritisiert wird, die Quelle sein.

Daher: was immer wir denken oder nicht denken, fühlen oder nicht fühlen, tun oder nicht tun, kritisieren oder nicht kritisieren, sehen oder nicht sehen, was immer geschieht oder nicht geschieht – es ist die eine Quelle (in ihrem Fliessen).

Du kannst ihr nicht entkommen. Wohin du dich auch wendest, du triffst immer auf sie. Selbst wenn du sie verleugnest, ihr wegläufst, ist es die Quelle, die vor sich selbst wegzulaufen versucht. Aber wohin? Natürlich nur hin zu ihr, denn da ist ja nichts außer der einen Quelle. Mach eine Reise in die untersten Orte der Hölle und dir wird dieselbe Quelle begegnen, die dich im Himmel beim Konzert Harfe spielender Engel empfängt.

Vielleicht glaubst du an Jesus als deinen Erlöser und hältst all jene, die Buddha oder Laotse für den wahren Erleuchteten halten, für verirrte Schafe. Das ist perfekt. Ebenso perfekt sind jedoch all die, die du für verirrt hältst. Einfach deshalb, weil nur eine Quelle existiert.

Kürzlich hatte ich einen Diskurs mit einem neunmalklugen Yogalehrer, der meine Ausführungen für eine schlimme Irrlehre hielt. Ihm ging's ums Rechtbehalten, mir ging's darum, zu bezeugen, dass wir beide nichts anderes sind und sein können als die eine Quelle, die sich gerade so erlebt, als könnte es tatsächlich verschiedene Meinungen geben. Ich fand das sehr lustig, er schien nicht sonderlich amüsiert. „Ich habe mit Sicherheit recht!“ sagte er zum Ende unserer Unterhaltung wutentbrannt. Perfekt!

Du magst fragen: Warum erkennt sich die Quelle nicht als die eine Quelle? Lass es mich an einem einfachen Beispiel erklären. Angenommen, du wüsstest nicht, was es bedeutet, die Augen zu schließen und nichts zu sehen. Was würden dir dann geöffnete Augen, beziehungsweise das Sehen, bedeuten? Man bräuchte dafür noch nicht einmal einen Begriff, denn ohne Blindheit existierte nur Sehen. Der Begriff Sehen macht jedoch nur dann Sinn, wenn es Blindheit gibt. Sehen, das nicht aus vorheriger Blindheit hervorgeht, ist eine Art „blindes Sehen". Man sieht zwar, sieht aber nicht, was Sehen bedeutet.

Sartre beschreibt den Augenblick klaren Sehens in seinem Roman *Der Ekel* folgendermaßen*: Das war atemberaubend. Nie vor diesen Tagen hatte ich geahnt, was das heißt - existieren. Ich war wie die anderen, wie die, welche am Meerufer in ihren Frühjahrkleidern spazieren gehen. Ich sagte wie sie: das Meer* ist *grün; dieser weiße Punkt da oben* ist *eine Möwe, aber ich fühlte nicht, dass das existierte, dass die Möwe eine existierende Möwe war; für gewöhnlich verbirgt sich die Existenz... Und jetzt auf einmal: mit einem Schlag war es da, war es klar wie die Sonne: die Existenz (Quelle) hatte sich plötzlich enthüllt. Sie hatte ihr inoffensives Aussehen einer abstrakten Kategorie verloren: sie war der Stoff der Dinge selbst...*

Wenn die Quelle zu sich selbst zurückgekehrt ist, tja, was wird sie dann wohl feststellen müssen? „Ach du meine Güte, ich war ja nie weg. Ich war ja immer und in allem bei mir! **Mit mir** als der einen und einzigen Quelle ist ja während meines gesamten von-mir-weg-Fließens überhaupt nichts passiert! Ich dachte nur, dass mit mir was passiert sei. Dabei war ich immer die eine Quelle."

Was auch geschieht, du bist die Quelle und gerade dabei, genau DAS zu entdecken. Und wenn du es entdeckst, wirst du feststellen, dass du dich noch niemals von dir entfernt hast und daher niemals zurückgekehrt bist. Wohin sollte jemand zurückkehren, der sich niemals verließ?

Nur um DAS zu sehen, gibt's Gutes und Böses. Denn existierte die Welt der Dualität nicht, könnte die nonduale Quelle unmöglich feststellen, dass sie die Quelle des Guten und Bösen ist. Die eine Quelle in allem. Und daher: Natürlich perfekt!

Du hast leicht reden...

... sagte kürzlich einer meiner Besucher, als ich darauf verwies, dass ich in einer perfekten Welt lebe. Dass es für mich schlicht nichts gibt, was nicht perfekt wäre. „Stell dir doch mal vor, du lebtest in Israel und hättest gestern deine Familie durch ein Bombenattentat verloren“, bat er mich, „würdest du dann auch noch sagen: Ich lebe in einer perfekten Welt?“

Ich schwieg eine Weile, weil ich nicht wusste, ob ich ihm tatsächlich die Wahrheit sagen sollte, denn mir war klar, dass er mir entweder nicht glauben- oder mich für verrückt halten würde. Aber sollte ich ihn etwa belügen? Also antwortete ich folgendermaßen: „Ich bin sicher, dass ich sehr traurig wäre, erschüttert, für einige Zeit sogar wie gelähmt, nehme ich an. Aber in einem bin ich mir ebenso sicher: Meine Welt bliebe perfekt.“

Und der Grund dafür ist ganz und gar nicht, dass ich eine Art Übermensch bin. Ich bin weder fähiger noch charakterstärker als irgendein anderer Mensch. Im Gegenteil: Meine Sichtweise ist das Ergebnis meiner Unfähigkeit, mehr als funktional notwendig in das Weltgetriebe involviert zu sein. Das, was geschieht, ist für mich einfach nur das, was geschieht.

Lass mich dir erklären, wie das in der Praxis läuft. Nun kann ich (Gott sei Dank) nicht mit einem Bombenattentat aufwarten. Aber dafür mit einem Sprengsatz anderer Natur, mit dem ich das Prinzip klar machen kann. Kürzlich erhielt ich anstatt der erwarteten Steuernachzahlung eine wirklich gepfefferte Nachzahlung. Sie war so hoch, dass ich zunächst mal in eine Art Starre verfiel. Als ich den Betrag sah, ging es mir so ähnlich wie einer Maus, vor der sich eine Kobra aufbaut, um ihr jeden Moment ihren Giftzahn ins Fell zu schlagen. Manchmal werde ich in solchen Situationen wütend, aber in diesem Fall wurde ich traurig. So etwa eine halbe Stunde war ich einfach nur traurig über den finanziellen Verlust, der mir zu diesem Zeitpunkt unabwendbar erschien. Dann verschwand die Traurigkeit ebenso plötzlich, wie sie gekommen war. Ich ließ die Sache erst mal auf sich beruhen und ging weiterhin meinem normalen Tagewerk nach.

Der Steuerbescheid, die Starre, der innere Widerstand, die Traurigkeit – das alles gehört **zu meiner perfekten Welt**. Es ist einfach das, was geschieht. Und das, was geschieht, ist, selbst wenn es nicht immer angenehm ist, perfekt.

Nun ist es aber nicht so, dass ich mir **klar machen muss**, dass die Welt trotz der Steuernachzahlung und meiner Traurigkeit über sie perfekt ist. So nach dem Motto: *In allem Bösem steckt etwas Gutes, ich seh es zwar noch nicht, glaube aber daran!* Nein, ich denke nicht positiv. Eine Steuernachzahlung ist unangenehm. Punkt! Das denk ich mir nicht schön! Ich brauch es mir auch nicht schön zu denken, denn meine Welt ist nicht deshalb perfekt, weil ich nur Angenehmes erlebe. Sie ist auch nicht deshalb perfekt, weil ich genü gend mentale Tricks kenne, um sie mir perfekt zu denken. Ob etwas gut oder schlecht läuft, ist einfach nicht mehr mein Kriterium.

„Was ist denn dann dein Kriterium?“ fragte mich mein Besucher. Ich dachte angestrengt nach, aber mir fiel kein einziges ein. Ich lachte, denn mir wurde bewusst, dass meine Sichtweise wiederum keiner Fähigkeit-, sondern meiner Unfähigkeit entsprang, die Welt mit irgendeinem Maßstab messen zu können, um anschließend zu der Schlussfolgerung zu gelangen, sie sei perfekt.

Die Welt ist auch nicht deshalb perfekt, weil ich sie durch die rosarote Advaita-Brille betrachte: In allem das Eine, ob gut oder böse, angenehm oder unangenehm. Würde ich mich mental trainieren, könnte ich keine Traurigkeit wahrnehmen, wenn ich Steuer nachzahlen muss. Aber so verrückt sich das auch in deinen Ohren anhören mag: Was spielt Traurigkeit für eine Rolle, wenn niemand mehr da ist, der sich ihrer annimmt und ihr herzliches Beileid wünscht? Und hier ist die Antwort auf die Frage meines Besuchers!

Die Dinge geschehen, angenehme und unangenehme Dinge, aber ich bin schlicht **nicht mehr fähig**, sie nach den gängigen (und mir natürlich auch noch in der Erinnerung bekannten) Mustern zu bewerten. Natürlich löst eine finanzielle Ausgabe, mit der ich nicht rechne, keine angenehmen Gefühle aus, aber anders als früher fehlt in meiner subjektiven Erfahrung derjenige, der sich in das unangenehme Gefühl

einklinkt und darunter leidet. Du magst sagen: *Aber du warst doch traurig!* Ja, ich war traurig, aber auch hierbei kann ich einfach nicht sagen, dass jemand da war, der sich dieser Traurigkeit angenommen hätte, sich um diese Traurigkeit gekümmert, sie gehätschelt und getätschelt oder sich gar in ihr gesuhlt hätte. Mir bleibt daher nur übrig zu sagen: Traurigkeit ist da! Und wenn sie da ist, **ist das perfekt**! Mit anderen Worten: Da ist niemand, der dann, wenn Traurigkeit da ist, weniger traurig oder gar gleich wieder fröhlich und glückselig sein möchte!

„Also ist dein Ego gestorben?“ fragte mich mein Besucher. Quatsch! Ohne Ego können wir ebenso wenig existieren wie ohne Körper. Und doch ist etwas gestorben. Etwas, das sterben muss, wenn du die Perfektion der Welt erblicken möchtest. Und das ist die Illusion, *dass ein Ego überhaupt existiert!*

Sag mir, bist du der Boden, auf dem du körperlich stehst? Nein, wirst du sagen, ich stehe auf ihm, aber **ich bin nicht** der Boden. Einverstanden! Warum glaubst du dann aber, dass du das bist, was man Ich (oder Ego) nennt? Ohne Ego bin ich nicht, was ich bin, magst du sagen. Wiederum – nahezu einverstanden! Ich würde es so formulieren: Ohne Ego bin ich nicht **weltwahrnehmungsfähig**! Aber wie steht's mit dem Boden? Wärst du denn ohne Boden weltwahrnehmungsfähig? Natürlich **auch** nicht. Wie sollte das möglich sein? Ohne die Erde, auf der wir leben, existierten wir ebenso wenig wie ohne Körper oder ohne Ego. Warum glauben wir trotzdem beharrlich, zwar nicht der Boden, aber das Ego zu **sein**? Nun, du hast dich so sehr mit deinem Ich, (deinem Ego) identifiziert, dass du tatsächlich glaubst, es zu SEIN. **Das ist die Täuschung**. Und **die** muss tatsächlich sterben. Ist sie gestorben, ist niemand mehr da, der das, was passiert, nach EGO-Maßstäben bewerten könnte. Es ist schlicht unmöglich, weil nun derjenige fehlt, der es bewerten könnte! Deshalb sagte ich, dass es meine Unfähigkeit ist, die mich die Welt perfekt sehen lässt. Die Unfähigkeit, mich als EGO zu sehen.

Du musst nichts hinzugewinnen. Alles, was du hinzugewinnen kannst, macht die Welt nur temporär ein wenig schöner oder besser. Hinterher aber bist du enttäuschter als zuvor, denn das, was du suchst, ist nicht ein „mehr", sondern ein „weniger" als zuvor. Die Welt „wird" perfekt, wenn du etwas verlierst. Und das, was du verlieren musst, ist in Wahrheit etwas, das nur in deiner Phantasie existiert. Also – wo ist das Problem? Es gibt keins, die Welt ist tatsächlich perfekt – wenn derjenige fehlt, der sie *anders* als perfekt zu bewerten vermag.

Einweihung in Advaita-Vedanta

Heute muss ich unbedingt eine kleine Geschichte erzählen, über die ich derartig lachen musste, dass meine Frau, die noch neben mir schlief – es war allerdings erst halb sieben Uhr morgens – aufgewacht ist. Ein besonderer Gruß geht mit dieser Geschichte an Heike, die gerade in Australien weilt.

Barbara schenkte mir ein Buch von Robert Adams: *Stille des Herzens.* Darin fand ich dann die folgende Geschichte, welche ich mit eigenen Worten erzähle, weil sie sonst zu lang würde.

Irgendein Typ kam zu ihm und wollte „eingeweiht" werden. Robert sagte ihm, dass er niemanden einweihe, da er kein Guru sei und weil es keine Einweihung in Advaita-Vedanta gäbe. Das stellte den Typ jedoch nicht zufrieden, er bot ihm sogar Geld an, das Robert ablehnte und schließlich fiel er vor ihm auf die Knie und weinte. Nun, ihm blieb offenbar keine Wahl und so legte er eine Hand auf seinen Kopf, die andere auf seine Brust und sagte: „Im Namen von Advaita-Vedanta bist du jetzt eingeweiht in Reines Gewahrsein!" (Schon an diesem Punkt kringelte ich mich vor Lachen, es erinnerte mich irgendwie an meine Zeit als Pfingstprediger, als ich Leuten die Hände auflegte, und die daraufhin in Ekstase gerieten und in anderen Zungen redeten. Außerdem ist die Vorstellung, jemanden in Reines Gewahrsein einweihen zu können, natürlich absurd!)

Aber nun geschah zu seiner größten Verwunderung folgendes: Der Typ war mit einem Schlag transformiert und in der Lage Robert als sich selbst zu sehen, so berichtet der unfreiwillige Einweiher Robert Adams.

Damit ist die lustige Geschichte jedoch noch nicht zu Ende. Erst beim letzten Satz konnte ich das Lachen nicht mehr zurückhalten. Robert berichtet: „Was ist nun die Absicht dieser Geschichte? Es gibt keine Absicht. Es ist nur eine Geschichte, die ich in meine Belehrung einbaue, damit die Zeit schneller vergeht!"

Freunde, das ist wunderbar! Wisst ihr, ich muss nur einige Zeilen in einem Buch lesen, um euch sagen zu können, ob Weisheit spricht oder irgendein Pseudoguru heilige Gülle über mich kippt.

Weisheit ist voller Humor. Und es geht nie um was. Warum? Nun weil immer alles okay ist! Vergiss deinen Weg! Vergiss meinen Weg! Vergiss alles, jedes Konzept ist nur ein Konzept, nicht das Papier wert, auf dem es steht.

Es ist absolut unmöglich, dass jemand in Reines Gewahrsein eingeweiht wird. Und doch geschah es! Verstehst du? Die Dinge geschehen nie so, wie du glaubst, dass sie geschehen müssen.

Heike aus Karlsruhe saß in einem meiner Dialoge in unserem Wohnzimmer. Wie nebenher sprach ich über den Fakt, dass wir nicht die Handelnden sind. Ich sah sie nur nicken dazu und wusste in diesem Moment, dass das Eine in ihr nickte. Verstehst du, das war nicht nur ein Kopfnicken. Es hatte geschnackelt. Und seitdem ist Frieden da, höher als alle Vernunft.

Andere kommen zu mir und suchen schon Jahre nach Frieden, haben x Satsang-Lehrer durch und warten noch immer auf den großen Kick. Ich kann ihnen aber nicht helfen. Ebenso wenig wie Robert dem Typ helfen konnte. Und doch geschah es. Jedoch nicht *wegen*, sondern *trotz* Robert. Denn der erzählt die Geschichte nur deshalb, damit die Zeit schneller vergeht!!!!!!!

Sag ehrlich, ist das nicht lustig?

Ihr Lieben, warum schreibe ich Euch? Denkt nicht, weil ich Euch liebe! Nur – irgendwas muss ich schließlich tun. Und da ich besser schreiben- als Wände anmalen oder alte Häuser abreißen kann, schreib ich (Euch) eben... ☺

Das Eine ist so erfinderisch

Und seine Erfindungen hören nie auf
Sie sind unerschöpflich.
Schau in die Geschichte der Menschheit.
Schau in die verschiedenen Kulturen.
Wie die Menschen lebten, wie sie dachten, was sie als schön und hässlich betrachteten.
Schau auf deine eigene Geschichte.
Wenn ich meine betrachte, kommt es mir vor, als hätte ich zehn oder mehr verschiedene Leben gelebt.
Kein Gesicht gleicht dem anderen.
Es gibt keine Hand mit derselben Zeichnung.
Jeder Moment unterscheidet sich von einem anderen.

Warum ist das so?
Weil das Eine so erfinderisch ist.
Das ist sein Charakter, sein Wesen.
Es IST erfinderisch.
Es hat nicht irgendwann damit begonnen, erfinderisch zu sein.
Es wird sich in seinem Erfindungsreichtum nicht erschöpfen.
Nein, es IST erfinderisch.
Ohne Beginn, ohne Ende.
Der Gedanke, es habe die Welt erschaffen, gehört zu seinen Erfindungen.
Der Gedanke, es habe einen konkreten Plan mit seiner Schöpfung ist ebenfalls nur eine Erfindung.

Der Gedanke, es entwickle sich von Alpha zu Omega ist ebenfalls eine Erfindung.
Nichts ist keine Erfindung.
Du bist das Eine.
Ich bin das Eine.
Da ist einfach nur das Eine.
Zeit ist eine Erfindung des Einen.
Raum ist eine Erfindung des Einen.
Kausalität ist eine Erfindung des Einen,
alles Erfindungen, um zu vermeiden, dass es sich selbst (sofort) als das Eine erkennt.
Nur so kann es auf der Suche bleiben.
Nur so bleibt es spannend!

Kürzlich sah ich mir einige Videoausschnitte von sogenannten Satsangs sogenannter Erleuchteter an. Was mir sofort auffiel war: wie verschieden sich das, was sie alles das Eine nennen, zum Ausdruck bringt. Das musst du dir mal vorstellen: Sie reden über dasselbe No-thing und doch – so verschieden.
Warum ist das so?
Nun, weil das Eine so erfinderisch ist.
Es ist seine Freude, sich zu verwandeln.
Das Eine ist ein Verwandlungskünstler.
Es ist alles, was uns begegnet und bleibt doch in allem das Eine.

Es ist sogar Hitler geworden, ohne jemals Hitler geworden zu sein.

Es ist immer das Eine (geblieben)
Denn es kann nie etwas anderes sein als das Eine.

Und es kann niemals etwas anderes sein als überströmende Liebe, denn Liebe ist seine Natur.
Und doch erscheint es als Terrorist, als Serienkiller ebenso wie als dessen Opfer.
Es ist so überströmend in seiner Liebe, dass es sich keiner möglichen Form zu verweigern vermag.
Das Eine lässt sich auf alles ein, selbst auf das, was seiner Natur zutiefst widerstrebt.
Es ist also auch das seiner Natur Widerstrebende, ohne jemals etwas anderes zu sein als Liebe, die sich von sich selbst abgewandt hat, weil Zuwendung vorhergehender Abwendung bedarf, um empfunden, erfahren werden zu können.

Das zu sehen ist nicht der Sinn aller Erscheinungen.
Es gibt keinen Sinn. Von Sinnhaftigkeit zu sprechen ist eine seiner Erfindungen.

Es ist der Erfindungsreichtum des Einen, der alle Formen hervorbringt.
Wenn du es sehen kannst, ist dieses sich selbst sehen können einfach eine der unzähligen Erfindungen des Einen. Nicht mehr. Es ist nichts Besonderes. Es ist nicht das Größte, obwohl es mir als das Größte erscheint.
Aber einem anderen erscheint es als das Größte, Amerika zu entdecken, in den Himmel zu kommen oder einfach ein leckeres Wiener Schnitzel zu essen.

Also – wo ist der Unterschied?

Was ist das Größte?
Natürlich – das Eine selbst, denn es ist alles, was ist.
Das Sehen, dass alles das Eine ist, ist einfach das Sehen des Einen, dass alles das Eine ist.
Mehr ist es nicht.

Also warum danach streben, es zu sehen?
Wenn danach gestrebt wird, ist es einfach das Eine in seinem Streben, sich selbst zu sehen.
Daran ist nichts zu ändern, und wenn du es könntest, wäre es nichts anderes, als das Eine, das aufhört danach zu streben, sich selbst als das Eine sehen zu wollen.

Keine Frage, dass all jene, die dafür blind sind, mich als paranoid bezeichnen werden, doch wenn das geschieht ist es witzigerweise das Eine, das sich in seinem Erfindungsreichtum so gut vor sich selbst versteckt hält, dass es gar nicht anders kann, als sein dunkles Versteck mit aller ihm zur Verfügung stehenden Kraft gegen jeden Lichteinfall zu verteidigen.

So erfindungsreich ist das Eine.

Es gibt keine Erleuchtung I

Kürzlich fragt mich ein Workshop-Teilnehmer: „Ich verstehe nicht, wie du zur Kritik fähig bist. Du bezeichnest den Papst als morbide, George W. Bush als unterbelichtet, Lafontaine als Egomanen. Andererseits behauptest du, alles sei perfekt, wie es ist. Wie geht das zusammen?“

Hervorragend, erwiderte ich. Auf der absoluten Ebene ist alles perfekt perfekt. Auf der relativen Ebene jedoch ist vieles perfekt bekloppt und perfekt hirnrissig. Solange ich mich auf der relativen Ebene befinde, sehe ich perfekt Gutes und perfekt Schlechtes, wobei ich mir bewusst bin, dass meine Sicht subjektiv ist. Niemand muss meiner Meinung sein. Alles, was ich auf der relativen Ebene sehe, kann von Anderen ganz anders und sogar gegensätzlich betrachtet werden. Das, was ich als perfekt hirnrissig betrachte, stelle ich bloß, was mich jedoch nicht daran hindert, sowohl hinter der Erscheinung des morbiden Papstes, als auch der des dümmlichen (früheren) Präsidenten der USA das Eine zu sehen und zu würdigen. Denn sie tun nur, was sie tun müssen, sie sind so morbide und dümmlich programmiert. Essentiell sind wir alle das Eine.

Der Frager konnte sich mit dieser Antwort nicht zufriedengeben. „Wenn sie deiner Meinung nach so programmiert sind, trifft sie doch keine Schuld. Vielmehr ist es der Wille

Gottes. Wenn du sie nun kritisierst, kritisierst du doch letzthin Gott, oder nicht?!

Ich habe ein Problem mit dem Begriff „Wille Gottes“. Denn in meiner Wahrnehmung gibt’s weder eine Schöpfung noch einen Schöpfer. Das Universum ist selbstexistent und was geschieht, geschieht gemäß eines kosmischen Gesetzes, dessen Sinn wir als zeitlich und räumlich begrenzte Wesen niemals verstehen werden. Wie gesagt: Auf der absoluten Ebene ist alles perfekt. Auf der relativen Ebene jedoch unterscheide ich zwischen sinnvollen und unsinnigen Aktionen. Das tut übrigens jeder. Oder wirst du jemand mit leuchtenden Augen deine Liebe bekennen, wenn er dir ganz bewusst einen Vorschlaghammer auf den Fuß fallen lässt? Kritik wird ebenso von der kosmischen Energie bewirkt wie der Unsinn, der kritisiert wird. Wenn du zwischen der absoluten und relativen Ebene zu unterscheiden weißt, scheust du vor Kritik nicht zurück. Die meisten mir bekannten sogenannten Erwachten sprechen nur über die absolute Ebene. Kein Wort der Kritik, was die duale Ebene betrifft. Es geht immer nur ums Erwachen. Ja, manche von ihnen verurteilen sogar jegliche Praxis, um zu erwachen. Jedoch selbst Ramana Maharshi empfahl eine Praxis. Die Frage: „Wer bin ich?“ ist vom non-dualen Standpunkt Nonsens, denn wie sollte sich jemand, der nicht existiert, fragen können, ob er existiert und möglicherweise auch noch herausfinden können, dass er in Wahrheit überhaupt nicht existiert? Aber sie sind der Meinung, eine Praxis sei nicht „reines Advaita“, was jedoch nur ihre eigene Blindheit beweist. Es ist schnurzpiepegal, auf welche Weise das Eine erkennt, dass außer dem Einen nichts existiert. Es geht nur ums Ergebnis. Die Methode spielt keine Rolle. Gurdjieff beispielsweise war nicht gerade zimperlich in seinen Methoden, Schüler über ihre Grenzen hinauszuführen. Sie mussten anstrengende Übungen machen, schwerste, scheinbar sinnlose körperliche Arbeiten ausführen, er konfrontierte sie hart, demütigte und beleidigte sie, hielt sie sogar an, Unmengen Alkohol mit ihm zu trinken und prüfte anschließend, wie klar sie noch waren. Auch von Zen-Meistern wird berichtet, dass sie bewusst schockierende Mittel anwenden, um den Schüler in andere Bewusstseinsdimensionen zu führen.

Wiederum hatte der Frager Einwände: „Wenn jemand erwacht ist, kann er doch nicht gleichzeitig blind sein! Wäre er tatsächlich blind, wäre das doch der Beweis, das er nicht erleuchtet ist."

Da haben wir den Salat! Das ist einer der Gründe, weshalb ich den Begriff Erleuchtung für unzweckmäßig, ja sogar irreführend halte. **Es gibt wirklich keine Erleuchtung.** Erleuchtung klingt nach Zugewinn: Du erhältst etwas, was zuvor nicht hattest. Was man jedoch hinzugewinnen kann, gehört zum Reich der Illusion. Der natürliche Zustand wird erst dann wahrgenommen, wenn alle Illusionen ausgemerzt wurden. Daher spreche ich von Desillusionierung. Wer **vollständig** desillusioniert ist, kann sich jeder Kritik enthalten oder bei jeder Gelegenheit Kritik üben. Er kann sogar so tun, als ei er total identifiziert, schlicht deshalb, weil ihm bewusst ist, dass er sie lediglich simuliert. Der Grund: Ihm ist bewusst, dass sich restlos alles, sowohl Kritik als auch Toleranz, ja auch Satsang innerhalb der Illusion abspielt. Selbst ein „Erleuchteter“ ist Illusion. Das Eine tut nur so, als sei es erleuchtet. Ebenso wie das Eine in einem Suchenden simuliert, es suche nach Erleuchtung. Selbst unser Gespräch jetzt ist Illusion. Das ist alles das Spiel in der Dualität. Natürlich meinen wir es beide ernst. Auf der absoluten Ebene jedoch ist nur das Eine existent. Auf der relativen Ebene existieren nur – bildhaft gesprochen – programmierte Computer, die unter anderem so aussehen und sich verhalten wie Menschen. Einige wenige unter ihnen – ohne dass sie dafür verantwortlich wären – sind weise geworden. Andere noch nicht. Wer das nicht klar sieht, und sei er erwacht oder wegen mir auch realisiert, wird darauf bedacht sein, in all seinen Formulierungen non-dual zu klingen und sich – was noch kritikwürdiger ist – für etwas ganz Besonderes halten. Ein Riesen Zirkus wird um ihn gemacht und er lässt es zu. Das ist ebenso kritikwürdig wie der Zirkus, den man um den Papst macht. Du bist wie ich, ich bin wie du. Auf der relativen Ebene waren auch Jesus, Buddha, Laotse gewöhnliche Menschen. Auf dem Klo sind wir alle gleich, wir furzen und scheißen. Und stinken tut das sowohl bei den Erleuchteten als auch bei denen, die sich noch für Suchende halten. Und wenn du meinst, diese Begriffe in diesem Kontext zu verwenden, sei unfein, so hast du vollkommen recht. Aber es ändert nichts daran, dass sich in allem das Eine manifestiert.

Es gibt keine Erleuchtung II

Du sagst: „Es gibt keine Erleuchtung! Weshalb bestehst du so beharrlich darauf", fragte mich kürzlich ein Advaita-Kundiger nach einem Vortrag und schien dabei ziemlich ärgerlich. Ich fragte ihn nach dem Grund seines Ärgers. Er stellte eine Gegenfrage: „Bist du etwa weiser als Shankara oder Vivekananda, Osho oder Nisargadatta? Sie sprachen alle von Erleuchtung!"

„Es gibt nur eins, was mich von ihnen nicht unterscheidet", erwiderte ich, „das ist unsere wahre Natur. Und diese will nun einmal partout nicht, dass ich den Begriff Erleuchtung verwende."

Shankara hat sie offenbar nicht daran gehindert", sagte er trotzig.

„Und doch konnte selbst Jesus nicht verhindern, dass durch ihn das mosaische Gesetz auf den Kopf gestellt wurde, obwohl er sich essentiell von Mose nicht unterschied", erwiderte ich.

Was wir erleben ist virtueller Natur. In dieser virtuellen Erlebniswelt erscheinen wir uns als Individuen, die geboren werden, sich entwickeln, Freude und Schmerz erfahren und irgendwann von der Bühne des Lebens abtreten. Natürlich fragt sich das Individuum nach dem Sinn seines Daseins.

Gehen wir dieser Frage auf den Grund, erkennen wir schließlich, dass sie irrelevant ist. Der Grund: In Wirklichkeit existieren wir nicht. Was wir erleben, ist nur hypothetisch vorhanden. So als ob sozusagen. Simulation. Eine Art Fata Morgana. Die Realisation dieses Faktums nannten die Alten „Erleuchtung“. Aber dieser Begriff führt solche, die sich noch in der Phase der Selbsterforschung befinden, in die Sackgasse, weil er suggeriert, es gelte etwas zu erreichen. Erleuchtung in diesem Fall. Solange der Suchende glaubt, er könne erleuchtet werden, lebt er in derselben Erwartungshaltung wie ein Materialist, der ein wie auch immer geartetes Ziel zu erreichen versucht. Anstatt Geld oder Ruhm erwartet er Erleuchtung zu erlangen.

Es ist zweifellos denkbar, dass er sein Ziel erreicht. Ebenso sicher ist jedoch auch, dass er es wieder verliert. Denn was immer wir als Individuen erlangen, verlieren wir irgendwann wieder. Erleuchtung ist wie alles andere in dieser virtuellen Welt eine zeitlich begrenzte Erfahrung.

Wer nach Erleuchtung sucht, befindet sich demnach auf dem Holzweg. Er kann unmöglich zum angestrebten Ziel führen. Und doch ist dieser Holzweg nicht zu umgehen, er ist sogar notwendig, um vollständig desillusioniert werden zu können. (Ich befand mich immerhin 40 Jahre auf dem Holzweg!)

Der Grund: Sucht jemand nicht voller Ehrgeiz und Beharrlichkeit nach der letzten Wahrheit (oder Erleuchtung) wird er niemals zu erkennen vermögen, dass all sein Streben und seine Anstrengungen sowie die daraus resultierenden Gipfelerfahrungen nicht ans erwünschte Ziel bringen. Wird das erfahren, führt es in die Resignation. In der letzten Phase vor der vollständigen Desillusionierung hört jegliche Anstrengung auf. Nichts geht mehr.

Man könnte dieses Stadium mit der Verpuppung einer Raupe vergleichen. Eingesponnen in den Kokon ist sie zur Bewegungslosigkeit verdammt. Nach außen erscheint uns das so, als wäre sie tot.

Genau das wird bei jedem Suchenden geschehen. Solange du freudig erregt in einem Satsang sitzen kannst, deinen Guru verehrst und hohe Erwartungen auf den letzten Kick hegst, bist du erst am Anfang der letzten Phase des Desillusionierungsprozesses. An diesem Stadium ist zwar nichts falsch, aber deine Erwartungen, die du mit ihm verbindest, sind unerfüllbar.

Weshalb muss es zur Bewegungslosigkeit kommen? Weil die letzte Phase der Desillusionierung die Macht des Egos bricht. Das Ego ist nicht in der Lage, seine wahre Natur zu inthronisieren. Jede Erkenntnis des Ego und sei sie noch so erleuchtend, ist in Wahrheit eine subtile Verhinderungsstrategie, mit der es versucht, die Desillusionierung aufzuhalten. Nur deine wahre Natur selbst ist fähig, sich an die Stelle des Egos zu setzen. Und wenn sie dies tut, erscheint es dem Ego wie ein vorgezogener Tod. Und sterben möchte es eben auf keinen Fall.

In Wahrheit ist es jedoch kein Tod. Selbst der physische Tod ist Illusion. Du wirst lediglich desillusioniert. Ist das geschehen, passiert überhaupt nichts. Würde etwas passieren, wäre es nur der Beweis, dass dich das Ego noch immer an der Nase herumführt.

Der Beweis vollständiger Desillusionierung ist ein irreversibler Friede, den du jedoch nicht als „neue Erfahrung“ zu bewerten vermagst. Vielmehr ist dir bewusst, dass der Friede immer schon da war. Dass er ist, was du in Wahrheit bist. In diesem Frieden, der sich nie mehr verliert, weil er keine Zeit kennt und sich daher auch nicht in der Zeit ereignet, wird dir die Welt der Objekte wie eine bombastische Illusion erscheinen. Etwas, das lediglich virtuelle Realität ist und keinerlei Substanz hat. Das nur so tut, als wäre es existent, das herum tanzt und springt, als wäre es putzmunter. Daher bezeichneten die Alten die Existenz als *lila* – das göttliche Spiel, den göttlichen Sport.

Manchmal gestaltet sich dieses Spiel nicht sonderlich lustig. Vorgestern erhielt ich ein Einschreiben. Es kam von einem Rechtsanwalt aus Stuttgart. In einem der Texte auf meiner Website hatte ich einen Begriff benutzt, der als Marke geschützt war. Weil ich den Brief zunächst ohne Interesse und dementsprechend oberflächlich las, dachte ich, dass mich diese Rechtsverletzung 50.000 Euro kosten sollte. Gott sei Dank war dies nur der Streitwert, der zu zahlende Betrag war also wesentlich niedriger, aber interessant war, wie ich auf meinen falschen Eindruck reagierte. Zunächst erschrak ich und bemerkte, dass mein Herz schneller schlug. Dann kam der Gedanke: *Da werde ich wohl ziemlich gerupft! Das kann ja heiter werden!* Mittlerweile schlug mein Herz wieder auf normalem Niveau. Als nächstes kam der Gedanke: *Mal sehen, ob der Begriff wirklich Markenschutz hat.* Also suchte ich ihn über Google und wurde schnell fündig. Tatsächlich, es gab eine Firma, die den Begriff, der mir irgendwann einmal eingefallen war, als Marke eingetragen hatte. Der nächste Gedanke: *Ruf da einfach mal an.* Sachlich und ruhig erklärte ich, dass mir bei der Verwendung dieses Begriffs keine Rechtverletzung bewusst gewesen sei. Ich wurde sogleich an den Rechtsanwalt verwiesen. Den rief ich dann an und sagte ihm dasselbe. Ich rechtfertigte mich nicht, erhob auch keinerlei Anschuldigungen, wies lediglich darauf hin, dass ein Anruf bei mir genügt hätte, um den Text von meiner Website zu entfernen. (Tja, das wussten die sicher auch, aber mit einem Anruf wäre natürlich nichts zu verdienen gewesen!)

Während des gesamten Zeitraums wurde nur das getan, was mir hinsichtlich des Falles als nützlich und angemessen erschien. Mein Körper reagierte zu Anfang aufgrund seines Überlebensprogramms mit einem ordentlichen Schreck, doch meine emotionale Verfassung blieb ausgeglichen. Als ich die Situation anschließend noch einmal Revue passieren ließ, verglich ich meine Reaktion mit ähnlichen Situationen, wie ich sie früher erlebt hatte. Mein Gott, welch ein Unterschied! Nicht zu vergleichen.

Warum erzähle ich das? Etwa um mich zu rühmen? Mitnichten! Da ist kein Jota Stolz auf diese Reaktion. Stolz kann ebenso wenig entstehen wie Schuldgefühle, Selbstanklagen oder Vorwürfe gegenüber der anderen Partei. Meine Intention ist, dir an diesem Beispiel aus dem Alltag zu zeigen, wie Desillusionierung sich auswirkt. Da ist einfach niemand mehr, der sich von einem Ereignis „persönlich" betroffen fühlt. Denn das Ego hat keine Macht mehr, meint: es führt nicht mehr Regie. Daher funktioniert es der jeweiligen Situation angemessen. Wenn deine wahre Natur dominiert, bist du Friede, egal was geschieht. Ob du Gewinn erlebst oder Verlust, ob du lebst oder stirbst, ist nicht mehr von Bedeutung. Warum? Weil die Bedeutungslosigkeit der virtuellen Welt vollständig durchschaut, akzeptiert und anerkannt wird.

Erleuchtete sagen dir: Dein innerstes Wesen ist Glückseligkeit, Wunschlosigkeit, Gelassenheit oder Vollkommenheit. Wenn du ihnen glaubst, wirst du dich weiterhin auf der Suche nach diesen Zuständen befinden. Desillusionierung bedeutet, vollständig anerkennen zu können, was jeweils ist. Das erfordert keinen gedanklichen oder willentlichen Akt. Es ist einfach das, was passiert. Du kümmerst dich einfach nicht mehr um emotionale Zustände, obwohl du es weiterhin könntest. Was ich meine, ist: Es ist dir nicht verboten, glücklich zu sein! ☺ Ob du jedoch oben bist oder unten, ob du Freude erlebst oder Schmerz, ob du inmitten einer Menschenmenge gefeiert- oder ganz allein mit dir bist, ob du anerkannt oder gemieden wirst, ob du geliebt wirst oder gehasst, ist nicht mehr wichtig für dich. Im Grunde ist dir gar nichts mehr wichtig. Du funktionierst einfach im Augenblick. Braucht man deine Hilfe, entziehst du dich nicht. Bedarf man ihrer nicht, fühlst du dich keineswegs leer oder nutzlos.

Du kannst nichts tun, um desillusioniert zu werden. Es ist vielmehr ein natürlicher Prozess, in welchem du dich bereits befindest. Jeder Mensch befindet sich in ihm, selbst ein Materialist, der diesen Text womöglich mitleidig belächelt oder sich kopfschüttelnd an die Stirn fasst. In diesem Stadium ist dir dieser Prozess nicht bewusst. Du glaubst vielmehr, immer mehr zu erreichen, dich immer weiter zu entwickeln. Finanziell. Mental. Emotional. Sozial. Spirituell. Von außen betrachtet stimmt das natürlich. Wer den Prozess aber hinter sich hat, weiß, dass jeder Gewinn letztendlich Verlust ist. Ist nämlich die Höchstsumme im Prozess der Addition materieller oder ideeller Güter erreicht, merkst du, dass dieser Prozess deine tiefste Sehnsucht nicht erfüllen konnte und dann wird dir nichts wichtiger sein, als der letzten Wahrheit auf den Grund zu gehen. Das sind dann die Leute, die Satsangs besuchen, meditieren und nach Erleuchtung streben. Bist du auch so ein Verrückter, ist es ein gutes Zeichen dafür, dass du schon bald alles verlieren könntest, was du vorher mühevoll erworben und angesammelt hast. Am Ende des Prozesses steht nämlich immer vollständige Desillusionierung. Du wirst auf Null reduziert. Das bedeutet weder Verlust noch Gewinn. Es ist einfach nur das natürliche Erscheinen dessen, was immer ist. In keinem Fall aber ist es Erleuchtung.

Der Desillusionierungs-Prozess verläuft bei jedem Mensch anders. Es gibt kein Schema dafür und auch keinen äußeren Beweis. Du magst dich auf einen prominenten Guru berufen, das ist kein Beweis für vollständige Desillusionierung. Du magst Advaita vorzüglich erklären können, das ist auch kein Beweis. Du magst in deinem Verhalten wie ein Heiliger wirken, sanftmütig und demütig sein, auch das ist nicht der Beweis. Ich kenne eine Reihe wirklich sanftmütiger, sehr gelassen wirkende Menschen, die keineswegs desillusioniert sind.

Der Beweis ist, dass du nie mehr, auch nicht für eine Sekunde, daran zu zweifeln vermagst, dass es keinen individuellen Handelnden gibt. Auch der irrationale Eindruck, die Welt könne Realität sein, ist restlos verschwunden und taucht nie wieder auf. Was bleibt ist unverursachter Friede und der objektlos-liebende Zeuge des göttlichen Spiels auf der Ebene der Dualität.

Es gibt keinen Denker

„Aber ich denke doch – und zwar was immer ich denken will!“ Selbst dieser Gedanke wird von niemandem gedacht. Es ist einfach nur ein Gedanke, ohne jemand, der ihn denkt.

Was man als real bezeichnen könnte, weil es sich zu ereignen scheint, ist ein permanenter Strom an Informationen, der unentwegt durch unser Gehirn fließt. Im Grunde genommen ist dieser Strom reine Energie, die weder von irgendwoher kommt, noch irgendwo hinführt. Die Informationen, die dieser zeitlose Strom in sich trägt, entspringen zum einen unserem genetischen Code, zum anderen unserer frühkindlichen Konditionierung und natürlich – last, but not least – den äußeren Einflüssen, die lebenslang „von außen“ auf uns einprasseln.

Grundlegend für unser Denken, Empfinden und Handeln ist unsere genetische, vorgeburtliche, frühkindliche und kindliche emotionale Konditionierung (Erfahrung), die später durch weitere Erfahrungen, vor allem aber durch Kognition ergänzt und erweitert, also verändert wird.

Prof. Dr. Dr. Gerhard Roth

Das Kind lernt seine Empfindungen in Sprache zu kleiden. Einfach, indem es lebt, erlernt das Kind die Sprache seiner Rasse. In ihm ist eine Art ‚geistige Chemie' am Werk.

„Dieser Aufbau ist nicht das Ergebnis einer bewussten Arbeit, sondern wickelt sich im tiefsten UnterBewusstsein ab. Sicher ist, dass irgendein Mechanismus besteht, der die Verwirklichung der Sprache ermöglicht.

Montessori, Das kreative Kind, 1972

Wenn wir uns verbal ausdrücken können, befinden wir bereits in der Wahrnehmungswelt der Erwachsenen. Und die bringen uns bei, dass wir Denker- und als solche natürlich für unser Denken verantwortlich sind.

„Daran solltest du noch nicht einmal denken!"
„Das ist kein guter Gedanke! Schäm dich!"
„Das ist doch mal ein richtig guter Vorsatz!"
„So sollte man denken!"
„Denk nicht so viel!"
„Wie kann man nur an so was denken!"

Und schließlich machen wir ja auch die Erfahrung, dass wir uns für oder gegen einen Gedanken entscheiden können. Also schlussfolgern wir, dass wir die Denker unserer Gedanken sind.

Nun möchte ich uns jedoch bewusst machen, wie es zu diesem Gedanken: *Ich bin der Denker meiner Gedanken* kam. Du hast ihn nicht hervorgebracht, er „ereignete" sich ebenso wie jeder Gedanke, den du jemals gedacht hast. Besser noch: Er wurde dir aufoktroyiert!

Denk nun bitte nicht, du müsstest diesen Gedanken aufgeben. Selbst wenn du ihn aufgeben wolltest, du könntest es nicht.

Der Prozess läuft folgendermaßen: Zunächst lernt das Gehirn, sich mit dem Denker zu identifizieren. Es glaubt tatsächlich: Ich bin der Denker meiner Gedanken. Und weil es das glaubt, glaubt es natürlich an all das, was der illusorische Denker zu denken scheint.

Am Wochenende lernte ich eine liebenswürdige Dame kennen, die ihren Ehemann nach über zwei Jahrzehnten an dessen Jugendliebe verlor. Sie war noch nicht einmal in der Lage, den Namen dieser Frau auszusprechen, so sehr hasste sie sie. Nun magst du sagen: Verständlich! Ja, aber nur, solange du zu glauben vermagst, du wärst der Denker deiner Gedanken.

Was da an Hassgedanken besteht, speist sich ausschließlich aus einer Konditionierung des Gehirns. Mit Wahrheit hat dieser Hass nicht das Geringste zu tun. Denn was ist passiert? Ein Mann trennte sich von einer Frau, mit der er über zwei Jahrzehnte zusammen lebte und nun lebt er mit der Frau zusammen, die er vor über zwei Jahrzehnten heiraten wollte, was damals aber nicht ging. Das ist die Sachlage. Dass sich die Dame, die der Mann verließ, ausgestochen, weggeworfen, minderwertig erscheint, dass sie der anderen Frau die Schuld gibt, ihren Ehegatten egoistisch und hinterlistig an sich gebunden zu haben, das denkt sich aufgrund ihrer Konditionierung. Es hat mit der Realität soviel zu tun wie eine Kuh mit dem Eierlegen.

Solche schmerzlichen Situationen sind jedoch immer außerordentlich große Chancen um zu erkennen, dass wir nicht die Denker unserer Gedanken sind. Die Dame möchte gern lieben, aber es gelingt ihr einfach nicht. Zu groß ist die Verletzung durch die Nebenbuhlerin, die nach über zwei Jahrzehnten einfach mir nix dir nix daher kommt und alle Opfer, die sie ihrem Mann während der langen Ehe brachte, mit einem Schlag zunichte macht. Und jetzt, im Alter, ist sie allein.

Ich möchte es herausschreien: Warum leidest du? Nur weil du glaubst, du wärst der Denker deiner Gedanken! Warum möchte ich zum Lautsprecher werden? Weil ich weiß, aus bitterer Erfahrung weiß, dass die Identifizierung mit dem Denker die Quelle ALLEN Leids ist.

Niemand denkt. Der Jemand, der denkt, der ist Illusion. Eine nützliche Illusion in der internen und externen Kommunikation. Die Quelle allen Leids, wenn wir tatsächlich glauben, der Denker wäre mehr als eine nützliche Illusion.

Gedanken entstehen. Das ist alles, was passiert. **Niemand denkt sie**. Selbst wenn du denkst, dass du sie denkst, denkt sich das nur – ohne Denker. Es ist nur ein Gedanke, der sich aufgrund von Konditionierung zu denken vermag. Aber er ist ebenso wenig real wie ein rosaroter Elefant. Du vermagst zwar rosarote Elefanten zu (er)denken, aber wie du genau weißt, gibt es keine, außer als Comicfigur.

Was bedeutet eigentlich Erleuchtung? Nur eins: Der Denker wird ein für allemal als nützliche Illusion entlarvt. Plötzlich merkst du: Es gibt niemand, der all das denkt, was „ich" denke! Der Jemand, der meinte, er sei der Denker all dieser Gedanken, ist wie jeder andere Gedanke nur ein Gedankenkonstrukt. In diesem Moment wird der Zeuge geboren. Und der Denker stirbt. Das heißt: Eigentlich stirbt natürlich nur die Illusion eines Denkers, denn er existierte noch nie. Und der Zeuge wird ebenso wenig geboren, er wird nur bewusst.

Und wenn das geschieht, dann sind Gedanken einfach das, was sie sind: NUR Gedanken, die kommen und gehen. Sie finden Beachtung, wenn sie konstruktiv sind und dich im Flow halten, sie tun weh, wenn sie destruktiv sind und Widerstände erzeugen, aber du bist nun **impotent** zur (Er)Zeugung des Gedankens: Ich denke! Ich bin der, der das alles denkt!

Kürzlich fragte mich ein junger Leser: Bist du heute eigentlich immer glücklich? Ich antwortete: Nein, aber immer glücklich zu sein ist auch nicht wichtig für mich! Ich befinde mich jenseits von Glück und Unglück. Doch das ist nur möglich, wenn es keinen Denker mehr gibt.

Woraus entsteht Freude und Schmerz? Aus dem Stoff von Gedanken. Da ich in dieser Welt lebe, nehme ich ebenso wie jeder andere Mensch vorteilhafte Situationen als freudige Ereignisse, nachteilige Situationen als schmerzhaft wahr. Dennoch bin ich unabhängig von beidem. Warum? Weil sich in meinem Gehirn ein Vorgang abspielte, ein Prozess ereignen konnte, den ich Desillusionierung nenne. Und als dieser Prozess beendet war, gab es niemanden mehr, der sich als Denker betrachten **konnte**. „Ich" bin überhaupt nicht vorhanden und ich war es noch nie – außer als Benutzerillusion, um intern und extern kommunizieren zu können.

Nun magst du fragen: Wie kann ich desillusioniert werden? Und ich kann darauf nur antworten: Wenn du diesen Text mit Interesse zu lesen vermagst, befindest du dich bereits mitten im Desillusionierungs-Prozess. Und dann wird er auch seinen Abschluss erfahren. So sicher wie das Amen in der Kirche ist das! Wenn der Prozess einmal eingesetzt hat, ist er ebenso wenig zu stoppen wie der frühkindliche Identifizierungs-Prozess mit dem illusorischen Denker.

Eine Zeitlang wirst du dich gegen diesen Prozess wehren. Das ist normal, weil der illusorische Denker merkt, dass es ihm ans Leder geht. Er spürt genau: Jetzt muss ich sterben. Und das möchte er natürlich nicht. Wer möchte schon sterben?

Letztlich ist es aber nur die **Gewohnheit**, sich als Denker zu betrachten, die sterben muss. Der Sterbe-Prozess dauert natürlich ein wenig. Da kann es durchaus Perioden geben, in denen der Zeuge regiert. Dann ist er aber wieder „von den Toten auferstanden“, jene illusorische Denker, der denkt, er sei es, der denkt und dann wirst du vielleicht meinen, dass das ewig so weitergeht.

Es ist jedoch in der natürlichen Ordnung der Dinge, dass der Prozess irgendwann endet. Der Zeuge gewinnt an Macht und der illusorische Denker verliert sie in gleichem Maße.

Wann kommt denn verdammt noch mal nur das Ende, fragte mich kürzlich jemand voller Ungeduld. Das vermag dir niemand zu sagen. Sicher ist eins: Wenn es geschehen ist, gibt es niemals mehr jemand, der zu glauben vermag, er sei der Denker. Dies ist dann ebenso unmöglich wie du jetzt anders als in deiner Phantasie an rosarote Elefanten zu glauben vermagst.

Es gibt nichts zu tun

Es ist schon seltsam. Da suchst du dein Leben lang nach dem Sinn des Lebens, nach der letztendlichen Wahrheit, nach dem Woher, dem Warum und Wozu. Und wenn du die Antwort dann findest, gibt's nichts mehr zu tun. Du könnest sterben, das wäre exakt dasselbe wie leben. Denn du befindest dich in einem zeit- und raumlosen Zustand. Und du erkennst, dass du schon immer dort warst.

Natürlich, „schon immer" ist eigentlich falsch. Denn in diesem Zustand gibt es ja keine Zeit. Es ist sozusagen das Jetzt, das keine Zeit kennt, das nur mit der Zeit spielt. Und selbst der Begriff „jetzt" verzerrt was gemeint ist, weil „jetzt" auch mit Zeit assoziiert wird, was ich doch gerade vermeiden wollte.

Also, da sitzt du nun und könntest da immer nur sitzen, weil dir klar ist, dass alles, was du tun könntest, ungetan bleibt, meint: Es verändert nichts an dem was ist. Und weil du das weißt, kannst du ebenso auch was tun. Und so tust du dann auch was.

Du tust es aber nicht, weil du etwas erreichen möchtest. Dieser Gedanke kommt dir nicht mehr in den Sinn, weil du weißt, dass es nichts zu erreichen gibt. Du tust nur deswegen was, weil dein Geist und dein Körper sonst einrosten würde.

Ich brauche nichts tun, um glücklich zu sein. Wenn ich sitze, und einfach nur da bin, empfinde ich nichts anderes als einen sich selbst genügenden Frieden. Ich muss mich nicht versenken, ich versinke ganz von allein. Ich muss die Augen nicht schließen, um die Außenwelt auszublenden, sie schließen sich ganz von selbst, weil nichts in der Außenwelt da ist, was mich glücklicher macht, als das, was ich in mir an Friede in mir spüre. Diese Art der Glückseligkeit bedarf keiner Stimulation mehr von außen.

Manchmal schau ich mir im Fernsehen ein Drama an, um mich sozusagen ein wenig von meiner Glückseligkeit abzulenken. Doch auch das will mir zumeist nicht gelingen.

Ich geh gern zu Bett und ebenso gern schlaf ich ein. Das Getriebe der Welt vermag mir kein Glück zu verschaffen, dass ich nicht schon besäße. Im Gegenteil: Je lauter es um mich herum wird, desto mehr zieht es mich heim in meine eigenen vier Wände.

Ich bin gern allein und fühl mich dabei nicht einsam. Einsamkeit kann nur entstehen, wenn man sich nach Gemeinschaft und Kommunikation sehnt.

Es ist schon verrückt. Was hab ich mir nicht alles unter dem Zustand, dem man erleuchtet nennt, vorgestellt. Und nun bin ich einfach nur gern allein, sitz nutzlos rum und freu mich abends auf mein Bett, um zu schlafen.

Da ist noch nicht mal das Verlangen, anderen Menschen davon zu berichten. Dass ich es dennoch tue, beispielsweise jetzt, hat nur einen Grund: ich kann ja schließlich nicht schon tagsüber schlafen oder andauernd lächelnd rumsitzen. Da setz ich mich dann eben vor den PC und schreibe nieder, was ich erfahre.

Selbst wenn ich einen Vortrag halte oder einen Workshop veranstalte, bin ich nicht von dem Verlangen erfüllt, mich mitzuteilen. Ich tue es, weil man es von mir erwartet. Und wenn mich die Menschen verlassen, bin ich im Grunde froh, wieder allein sein zu können.

Ich empfinde jedoch das Zusammensein mit den Menschen nicht etwa als Störung. Es ist immer okay, wie es gerade ist, denn der zeitlose Zustand, in dem ich mich befinde, wird selbst durch eine Störung überhaupt nicht gestört. Das ist schwer zu vermitteln, aber dennoch genauso, wie ich es niederschreibe.

Ich strebe nichts an. Es gibt nie den Gedanken, anders sein zu müssen, als ich es bin. Ich folge niemanden, weder Jesus noch Buddha, noch Laotse oder einem anderen Weisen.

Manchmal denke ich, es wäre angenehmer, in einem Land zu leben, in dem es wärmer und sonniger ist als in Deutschland. Das hat mit meinem Körper zu tun, der sich bei zunehmender Kälte zusammenzieht. Aber mit mir hat dieses Zusammenziehen nicht das Geringste zu tun.

Tja, denke ich gerade, warum schreib ich das eigentlich alles nieder? Es wird dir keinen Nutzen bringen, im besten Fall wirst du mich beneiden. Im schlimmsten Fall wirst du mich bedauern. Doch zu beidem besteht wirklich kein Anlass. Denn ich bin durch. Und auf dieser Seite gibt es kein Leid.

Wenn du ein Verlangen spürst, da zu sein, wo ich bin, kann ich dir nur eines empfehlen: Fang an, alles zu lieben. Auch das, was du hasst. Gib dieser Übung oberste Priorität in deinem Leben. Es muss dir wichtiger sein, als alles andere, selbst wichtiger als die Sicherung deiner Existenz. Sei radikal, lass dich durch nichts und niemand beirren. Selbst wenn du nichts fühlst, deprimiert bist, am Boden zerstört, liebe dich dafür, dass du nichts fühlst und deprimiert bist. Objektlos lieben ist der simpelste Weg, um „nirgendwo" hinzukommen. Denn du bist schon da, nur weißt du es womöglich noch nicht.

eXistenZ

Ich empfehle diesen Film, dessen Drehbuchautor und Regisseur David Cronenberg ist. Filme wie Matrix, Truman Show, Avalon sind auch Versuche, die abwegige Vorstellung, Realität könne keinesfalls Illusion sein, ad absurdum zu führen. Keiner tut es jedoch so verblüffend wie eXistenZ, meine ich.

Wer sich diesen Film intuitiv ansieht, anstatt ihn mit der Ratio zu analysieren oder auf die Interpretation zu reduzieren, am Ende wüssten die Akteure nicht mehr, ob das Spiel noch läuft oder nicht, wird einfach nur einsehen müssen, dass das, was wir Realität nennen, also unser alltägliches Leben, keineswegs Realität sein **muss**, sondern sehr wohl ebenso auch Illusion sein **kann** wie das Spiel eXistenZ.

Wenn sich nur diese Einsicht zum Ende des Filmes einstellen sollte, wäre das schon eine Menge, es sei denn, du interessierst dich nicht dafür.

Ich hege keinerlei Zweifel daran, dass diese Welt Illusion und damit in Wahrheit ebenso existent ist wie ein Traum, bei dem man am Morgen feststellen muss, dass sich all das, was man träumte, nicht ereignet hat. Ich bin mir dessen schon über zwei Jahrzehnte gewiss, was mich jedoch nicht daran hindert(e), das Spiel mitzuspielen. Ich tu seitdem so als ob – was bleibt mir anderes übrig, solange ich immer wieder morgens aufwache und feststelle: ich bin noch im Spiel!

Gleichzeitig aber bin ich mir in allem was ich tagsüber tue des Spielcharakters der Welt bewusst. Ich weiß einfach, dass du nicht existierst, ebenso wenig wie ich! Nicht dass ich ständig dran denke. Du denkst ja im Kino auch nicht ständig daran, dass da nur ein Film läuft, für den du Eintritt bezahlt hast und dennoch ist es dir sonnenklar.

Natürlich ist mir eine Steuerrückzahlung lieber als eine Nachzahlung. Selbstverständlich liebe ich gute Zeiten mehr als schlechte Zeiten. Aber, und das ist der Punkt, gleichgültig ob sie gut oder schlecht sind, bin ich mir sicher, dass sie in Wirklichkeit gar nicht existieren.

Vielleicht denkst du: *Wie ist es das nur möglich? Mir erscheint die Welt so real!* Mein Freund, mir fällt das ebenso leicht, wie es dir nicht schwerfällt, einen Film, egal ob Komödie oder Drama, auf der Kinoleinwand als Illusion zu durchschauen. Natürlich läuft dieser Film, aber sag mir: ist das, was da vorne gespielt wird, denn Realität? Nein, wirst du sagen, es sind nur bewegte Bilder, die da über die Leinwand huschen, die Menschen, Landschaften und wechselnden Szenen sind in Wahrheit gar nicht vorhanden. Ich sehe sie, ja, aber substantiell sind sie nicht. Die Schauspieler sind alle zuhause oder sind bereits mit dem Drehbuch des nächsten Films beschäftigt. Es ist eine Show und mehr ist es nicht.

Ich sage nicht, dass diese Sichtweise Probleme verschwinden lässt, sie tauchen ja auf, auch wenn sie Illusion sind. Und sie müssen natürlich auch gelöst werden. Aber es ist schon ein Riesen Unterschied, ob ich denke, dass alles sei wahr oder ob ich mir dessen gewiss bin, es mit einer Art Fata Morgana zu tun zu haben. Meinst du nicht auch?

Stell dir vor, du weißt im Traum, dass du träumst! Sag mir, hast du dann Angst, wenn du vor dem Konkurs stehst? Oder vor deinem eigenen Grab? Solche Situationen werden dir zweifellos auch im Traum nicht sonderlich angenehm sein, aber Angst – nein, Angst hast du mit Sicherheit nicht, wenn du im Traum weißt, dass du träumst.

Manchmal erscheinen mir Menschen wie ausgestanzt. Zeitlich begrenzte Formen aus dem zeitlosen Material der Leerheit. Schattenspiele der Ewigkeit sozusagen. Ach wie lächerlich all unsere Sorgen um Kleinigkeiten. Gott, wie ernst wir uns nehmen!

Andererseits kann ich, gerade weil die Welt für mich Illusion ist, knallharte Entscheidungen treffen. Einfach weil da niemand ist. Weder ich noch die Anderen.

Hm, ich weiß nicht wie ich's dir beibringen soll. Schau doch mal rein in eXistenZ. Guck dir den Film an. (Gibt's auch auf DVD.) Nicht nur einmal. Ein paar Mal. Zehn Mal vielleicht. Damit es dir zumindest dämmert: Da ist nichts, es scheint nur so, als ob da was wäre. Außer dich interessiert's nicht. Dann schau dir besser „Vom Winde verweht" an.

Gipfelerfahrung

„: die Existenz dringt von überall her in mich ein, durch die Augen, durch die Nase, durch den Mund...
Und mit einem Schlag, mit einem einzigen Schlag zerreißt der Schleier, ich habe verstanden, ich habe gesehen.“

Jean-Paul Sartre beschreibt in seinem Roman „Der Ekel“ eine sogenannte Gipfelerfahrung. Man erhält Einblick in die wahre Natur aller Dinge. Typisch für diese Erfahrung ist, dass sie das illusionäre Ego als Krise empfindet, Sartre schreibt: *„Ich kann nicht sagen, dass ich mich erleichtert oder froh fühle; im Gegenteil, das erdrückt mich. Mein Ziel ist einfach erreicht: ich weiß, was ich wissen wollte; alles, was mir seit Januar zugestoßen ist, habe ich begriffen. Der Ekel hat mich nicht losgelassen, und ich glaube nicht, dass er mich sobald loslassen wird; aber ich erleide ihn nicht mehr, das ist keine Krankheit mehr, kein vorübergehender Anfall: ich bin es selbst.“*

Das Ego empfindet Schmerz oder gar Ekel, wenn es mit der wahren Natur aller Dinge konfrontiert wird, denn es ist sein Tod. Könnte eine Raupe denken, würde sie es sicher als lebensbedrohlich empfinden, wenn sie sich dem Stadium der Verpuppung nähert, weil er sie nicht nur bewegungslos macht, sondern tötet. Wie sollte man da keinen Ekel empfinden?

Gleichzeitig jedoch verschwinden alle Deutungen des Verstandes, der uns die Essenz der Dinge vernebelt. Sartre berichtet: *„Also, ich war gerade im Park. Die Wurzel des Kastanienbaums bohrte sich in die Erde, genau unter meiner Bank. Ich erinnerte mich nicht mehr, dass das eine Wurzel war. Die* ***Wörter waren verschwunden und mit ihnen die Bedeutung aller Dinge****, ihre Verwendungsweisen, die schwachen Markierungen, die die Menschen auf ihrer Oberfläche eingezeichnet haben. Ich saß da, etwas krumm, den Kopf gesenkt, allein dieser schwarzen, knotigen Masse gegenüber, die mir Angst machte. Und dann habe ich diese Erleuchtung gehabt. Das hat mir den Atem geraubt. Nie, vor diesen letzten Tagen, hatte ich geahnt, was das heißt: „existieren". Ich war wie die anderen, wie jene, die am Meer entlang spazieren, in ihrer Frühlinsgarderobe. Ich sagte wie sie: Das Meer ist grün: dieser weiße Punkt da oben ist eine Möwe,* ***aber ich fühlte nicht, dass das existierte, dass die Möwe eine existierende Möwe war: gewöhnlich verbirgt sich die Existenz. Sie ist da, um uns, in uns, sie ist wir, man kann keine zwei Worte sagen, ohne von ihr zu sprechen, und, letzten Endes, berührt man sie nicht... aber das alles spielte sich nur an der Oberfläche ab****. Wenn man mich gefragt hätte, was die Existenz sei, hätte ich in gutem Glauben geantwortet, dass das nichts sei, nichts weiter als eine leere Form, die von außen zu den Dingen hinzuträte,* ***ohne etwas an ihrer Natur zu ändern****. Und dann, plötzlich: auf einmal war es da, es war klar wie das Licht: die Existenz hatte sich plötzlich enthüllt. Sei hatte ihre Harmlosigkeit einer abstrakten Kategorie verloren:* ***sie war der eigentliche***

Teig der Dinge, diese Wurzel war in Existenz eingeknetet. Oder vielmehr, die Wurzel, das Gitter des Parks, die Bank, das spärlichste Gras des Rasens, das alles war verschwunden; die Vielfalt der Dinge, ihre Individualität waren nur Schein, Firnis. *Diese Firnis war geschmolzen, zurück blieben monströse und wabbelige Massen, ungeordnet – nackt, von einer erschreckenden und obszönen Nacktheit."*

Das ist es! Das ist die Entdeckung unserer wahren Natur, der Natur aller Dinge. Die Welt ist verschwunden, obgleich sie noch da ist. Und alles, was da ist, scheint nun **zuviel** zu sein. Überflüssig wie ein Kropf. Es wird bedeutungslos, und zwar einfach deshalb, weil es in Wahrheit bedeutungslos ist. Nur unsere Deutung gibt den Dingen Bedeutung. *„Wir waren wie ein Häufchen Existierender, die sich selber im Weg standen, sich behinderten, wir hatten nicht den geringsten Grund, dazusein, weder die einen, noch die anderen, jeder Existierende, verwirrt, irgendwie unruhig, fühlte sich in Bezug auf die anderen zuviel.* ***Zuviel****: das war der einzige Bezug, den ich zwischen diesen Bäumen, diesen Gittern, diesen Kieseln herstellen konnte."*

Es mag dir als Provokation allererster Güte erscheinen, aber es ist die nackte Wahrheit: Was da ist, ist nur da, um als **zuviel** erkannt zu werden! Ich bin mir sicher, dass die meisten meiner Leser den Kopf schütteln werden und das ist völlig verständlich. Wenn die wahre Natur aller Dinge jedoch in den Dingen sichtbar wird, kannst du zu keiner anderen Schlussfolgerung gelangen. Es scheint völlig absurd, aber die Dinge erfüllen erst dann ihren zwecklosen Zweck, wenn sie als zuviel erkannt werden. Nur dazu sind sie da. Jede Bedeutung, die wir den Dingen „als Dingen" geben, verfehlt den eigentlichen sinnlosen, niemals erfundenen Sinn ihrer Existenz. Unsere Deutungen spielen daher überhaupt keine Rolle, meint: welche Bedeutung du ihnen gibst, ist nur innerhalb der begrenzten Existenz relevant. Du kannst ihnen natürlich Bedeutung beimessen, kannst glauben, die Dinge erfüllten in sich selbst einen Zweck. Und solange sich dir die wahre Natur aller Dinge nicht enthüllt, hast du gar keine andere Wahl, sonst wäre dein alltägliches Leben unlebbar. Enthüllt sie sich aber, siehst du klar und deutlich, dass das, was da ist, nur da ist, um sich selbst zu beweisen, dass es nicht da oder „zuviel" ist. Anders formuliert: Das, was nicht da ist, hat nur dann die Möglichkeit, sich als nicht vorhanden zu sehen, wenn etwas da ist, dass es schließlich als „zuviel" erkennt. Würde dieses Zuviel nicht erkannt werden können, wäre es „zu wenig", um sehen zu können, dass das, was da ist, nicht da ist. Und nur deshalb ist es da. **Es gibt nur Dinge, weil es keine gibt.**

„Tatsächlich geht alles, was ich anschließend erfassen konnte, auf diese fundamentale Absurdität zurück. Absurdität: wieder ein Wort; ich schlage mich mit Wörtern herum; dort im Park berührte ich das Ding... aber ich habe vorhin die Erfahrung des Absoluten gemacht: des Absoluten oder des Absurden. Diese Wurzel, es gab nichts, in Bezug worauf sie nicht absurd war. Oh, wie kann ich das nur in Worten festhalten... Knorrig, innert, namenlos, faszinierte sie mich,

erfüllte meine Augen, führte mich ständig auf ihre eigene Existenz zurück. Ich konnte mir noch so oft wiederholen: Es ist eine Wurzel – das verfing nicht mehr.“

Sein erstes philosophisches Hauptwerk „ Das Sein und das Nichts“ erschien 1943, „Der Ekel“ 1938. Der kurze, flashartige Einblick in die wahre Natur aller Dinge, die er als „fundamentale Absurdität“ bezeichnete, war die Wurzel all seiner nachfolgenden Erkenntnisse. *„Ich berührte das Ding“, und wenn es tatsächlich berührt, nicht nur gedacht wird, erscheint es immer absurd. „**Das Bewusstsein ist nicht, was es ist, und es ist, was es nicht ist“,*** schreibt er später, was absurd klingt, es macht jedoch in bestechend klarer Weise deutlich, dass Sein und Nicht-Sein lediglich zwei Seiten einer Münze sind, die ohne einander unmöglich wären. Zeit, Raum, Kausalität haben keine Entstehungsgeschichte, vielmehr ist die Entstehungsgeschichte lediglich eine der beiden Seiten. Man muss sich tatsächlich „mit Worten herumschlagen“, wenn man der Versuchung erliegt, das Unbeschreibbare beschreiben zu wollen.

„Existieren, das ist dasein, ganz einfach: die Existierenden erscheinen, lassen sich antreffen, aber man kann sie nicht ableiten. Es gibt Leute, glaube ich, die das begriffen haben. Nur haben sie versucht, diese Kontingenz (Zufälligkeit, Möglichsein) zu überwinden, indem sie ein notwendiges und sich selbst begründendes Sein erfanden. Doch kein notwendiges Sein kann die Existenz erklären: die Kontingenz ist kein Trug, kein Schein, den man vertreiben kann; sie ist das Ab-

solute, folglich die ***vollkommene Grundlosigkeit****. Alles ist grundlos, dieser Park, diese Stadt und ich selbst."*

Wie sollte das Absolute Bedeutung haben? Bedeutung brauchen nur Dinge, die beginnen und enden. Etwas, das immer da ist, ist bedeutungslos. Es gibt schlechthin kein Beispiel, um die Richtigkeit dieser These beweisen zu können, denn was wir kennen, hat Anfang und Ende. Den Tag löst die Nacht ab, nur darum haben beide Bedeutung. Was wäre jedoch, wenn keine Nacht existierte? Was würde ein Tag, der niemals von der Nacht abgelöst würde, bedeuten? Es gäbe für diesen Zustand noch nicht einmal den Begriff Tag, weil er nur durch die Nacht Bedeutung erhält.

Was ist, ist. Warum ist es? Diese Frage stellt sich einfach nicht. **Wie sollte der Grund des Grundlosen gefunden werden?** Ich bin in dieser Welt, bin da, aber wie könnte ich herausfinden können, wovon sollte ich ableiten können, dass ich da bin? Man kann mich antreffen, ja, aber ableiten lässt sich meine Existenz nicht. Daher sind alle Versuche, dem Leben Sinn und Bedeutung zu geben, letzthin zum Scheitern verurteilt. Ein notwendiges und in sich selbst begründetes Sein ist zwar **er**findbar, aber nicht **auf**findbar. Alles, was ist, ist. Daher: Kein Schöpfer und keine Schöpfung.

„Ich war die Wurzel des Kastanienbaums. Oder vielmehr ich war ganz und gar Bewusstsein ihrer Existenz. Noch losgelöst von ihr – da ich mir ihrer ja bewusst war – und dennoch in ihr verloren, nichts anderes als sie... Die Zeit war stehen-

geblieben... Habe ich mich nicht vielmehr für einen Augenblick in nichts aufgelöst, und bin ich nicht im nächsten Augenblick mit zurückgeworfenen Kopf und nach oben gewandten Augen wiedergeboren worden? ***Tatsächlich ist mir der Übergang nicht zu Bewusstsein gekommen. Auf einmal ist es mir unmöglich geworden, die Existenz der Wurzel zu DENKEN. Sie war verschwunden, ich konnte mir noch so oft wiederholen: sie existiert, sie ist noch da, unter der Bank, an meinem rechten Fuß, das besagte nichts mehr.*** *Die Existenz ist nichts, was sich von weitem denken lässt: das muss einem plötzlich überkommen, muss sich auf einem niederlassen, muss sich einem schwer auf das Herz legen wie ein dickes, regloses Tier – oder aber es ist überhaupt nichts mehr da. Es* ***war*** *überhaupt nichts mehr da, meine Augen waren leer, und ich freute mich über meine Erlösung... Und all dieses Existierende, das sich eifrig um den Baum zu schaffen machte,* ***kam nirgendwoher und ging nirgendwohin.*** *Mit einem Schlag existierte es, und dann, mit einem Schlag, existierte es nicht mehr. Die Existenz ist ohne Gedächtnis; von dem Verschwundenen bewahrt sie nichts – nicht einmal die Erinnerung. Die Existenz, überall, bis ins Unendliche, zuviel, immer und überall; die Existenz, die immer nur durch die Existenz begrenzt ist. Ich ließ mich auf die Bank sinken, benommen, betäubt von dieser verschwenderischen Fülle von Seiendem ohne Anfang..."*

Wer die Absurdität nicht so stehen lässt, wie sie sich zeigt, wenn man das Absolute, uns lediglich als absurd erscheinend, statt dessen als Knoten betrachtet, den es mit dem

Mittel des Denkens aufzuknoten gilt, wird man immer an der Wahrheit vorbeisehen. Nur in der einsichtigen Akzeptanz der Absurdität ereignet sich das Sehen des Absoluten. Dann allerdings ist es ganz einfach: **Existenz, die immer nur durch die Existenz begrenzt ist**. Das ist das Geheimnis der Welt: **Selbstbegrenzung dessen, was unbegrenzt ist**. Diesen Knoten kannst du nicht durchschlagen. Alle Versuche, ihn zu durchschlagen, führen lediglich zu „verständlichen“ Weltbildern, jedoch nicht in die Wahrheit. Wahrheit ist uns näher als der Atem. Näher noch: Sie ist, was wir sind. Im Augenblick. Da ist nichts, was jemals begann. Da ist nichts, was jemals endet. **Da ist nur ..., unbegrenzt, sich selbst begrenzend.** Nicht als Entscheidung, nicht als Tat, nicht als Aktion – denn das würde einen Anfang bedingen – sondern einfach, weil sie so ist. Jetzt – und damit immerlos immer und in alle Ewigkeit.

Da ist kein Übergang von der begrenzten zu der unbegrenzten Sichtweise. Es wird nur wahrgenommen, was ist. „Wir kommen Augenblick für Augenblick aus der Leere“, sagte Shunryu Suzuki. Es scheint, als wäre man im Nichts aufgelöst worden und wiedergeboren, als habe man etwas, was man vorher nicht hatte, doch in Wahrheit ist es einfach nur so, dass man **unfähig** wird, die Existenz anders zu sehen, als so, wie sie ist: **Existenz, die immer nur durch die Existenz begrenzt ist**. Das ist kein Geschehen, es ist.

„Man konnte sich noch nicht einmal fragen, wo das heraus kam, das alles, noch wie es kam, dass eine Welt existierte als

vielmehr nichts. Das hatte keinen Sinn, die Welt war überall gegenwärtig, vorne, hinten. Es hatte nichts vor ihr gegeben. Nichts. Es hatte keinen Moment gegeben, in dem sie hätte nicht existieren können... es war unmöglich, dass sie nicht existierte.“

Das ist unmittelbares Sehen dessen, was ist. Zeit und Raum animieren uns zu der Frage: **Wann** ist denn die Welt entstanden? Aber diese Frage verschwindet abrupt in der unmittelbaren Wahrnehmung, dass Existenz nur durch Existenz begrenzt ist. So wie das Meer nur dadurch eine Grenze erhält, weil die Krümmung der Erde unserem Blick Grenzen setzt. Existenz ist nichts, was sich entwickelt oder verändert. Vielmehr ist das, was sich verändert, genau das, was sich nie verändert.

„Am Tor angekommen, habe ich mich umgedreht. Da hat der Park mir zugelächelt... Das Lächeln der Bäume, der Lorbeerbaumgruppe, das wollte etwas sagen; das war das wirkliche Geheimnis der Existenz... selbst wenn ich hundertsieben Jahre ab dieses Tor gelehnt stehenbleiben würde; ich hatte über die Existenz alles erfahren, was ich wissen konnte. Ich bin gegangen, ich bin ins Hotel zurückgekehrt und habe geschrieben.“

Dem ist nichts mehr hinzuzufügen...

Das Eine im Gnu und im Löwen

Was mit dem Begriff Einheit gemeint ist, kritisiere ich nicht. Aber ich halte ihn gelinde gesagt für etwas verunglückt.

Selbst wenn wir in der Natur bleiben – sag mir, sieht es etwa nach Einheit aus, wenn der Löwe ein Gnu reißt? Du magst ausweichend sagen, dass nur unsere beschränkte Bewertung die vorhandene Einheit der „natürlichen Nahrungskette“ auseinanderreißt, aber das ist natürlich kein Argument, das der Ratio eines Skeptikers, wie ich es bin, standhält. Denn ich würde darauf antworten: Warum fällt es mir dann so schwer, dem Löwen von ganzem Herzen „Guten Appetit“ zu wünschen! Weshalb ist da vielmehr das Empfinden: „Ach, das arme Gnu!“ Und: „Warum ernährt sich das (andere) Vieh nicht von Gräsern?“

Natürlich kann man Kriege und Zerstörung durch Naturkatastrophen „Vorgänge zur quantitativen Reduzierung“ oder/und als „Notwenigkeit qualitativer Entwicklung der Menschheit von Alpha nach Omega“ bezeichnen. Aber wo ist die Einheit? **Unserem Blick verborgen**, magst du antworten. Und das ist ein Argument, keine Frage, aber der Begriff Einheit klingt in diesem Kontext dennoch nicht sonderlich schlüssig. Findest du nicht?

Ich sage lieber „Das Eine“. Und ich sage es natürlich zum Gnu und zum Löwen. Denn das Gnu ist das Eine und der

Löwe natürlich auch. Und schon ist alles ganz anders. Denn wenn das Eine sowohl das Gnu als auch der Löwe ist, der es reißt, dann kann sich weder das Gnu darüber beklagen, dass es dem Löwen als Nahrung dient, noch kann sich der Löwe bemitleiden, dass er kein Vegetarier ist. Und ich kann auch nicht mehr motzen, weil ich das Eine bin, das dem Naturschauspiel zusehen muss, ohne dem Löwen von Herzen Guten „Guten Appetit“ wünschen zu können.

Jedoch: Selbst wenn ich mich weiterhin darüber beklagen würde, änderte das überhaupt nichts daran, dass ich das Eine bin, das sich in diesem Fall *absurderweise* über das Eine, das es selbst ist, beklagt. Und solltest du dich nicht beklagen, unterscheidet dich das von dem Einen, das sich beklagt, nur darin, dass du dich aus welchen Gründen auch immer nicht beklagst.

Jedoch bist du in allen Fällen, ob klagend oder bejahend, das Eine, einfach deshalb, weil nichts anderes existiert als das Eine. Das ist der Punkt, auf den es (mir) ankommt.

Okay, gehen wir einen Schritt weiter: Wenn das Eine alles ist, was ist, muss es nicht zwingend eins sein. Es kann ebenso zwei und sogar entzweit sein. Es kann natürlich auch drei und unzählig oft und noch dazu etwas jeweils ganz Verschiedenes oder Gegenteiliges sein. Das würde niemals etwas daran zu ändern vermögen, dass es das Eine ist.

Eine kleine Hilfe zum besseren Verstehen: Gold bleibt immer Gold, vollkommen egal was du draus machst. Du kannst damit die Wände eines Tempels vergolden oder die eines Palastes. Du kannst es an arme Menschen verschenken oder es verwenden, um eine Revolution zu finanzieren. Du kannst aus ihm eine hässliche Dämonenfratze oder einen friedlichen Buddha kreieren. Du kannst es in einem großen, einheitlichen Klumpen aufbewahren oder in unzählige Münzen aufteilen. Gold bleibt in jedem Fall Gold!

Ebenso verhält es sich mit allem, was ist. Immer ist und bleibt es das Eine.

Es könnte sich daher als das Eine in zweien vehement streiten. Es könnte sich sogar als einer der beiden im Anderen töten. Dann wäre zwar einer der beiden (Statisten) tot und der andere noch immer lebendig, ändern würde sich jedoch nur, dass das Eine in einem der Beiden als tot erschiene und im Anderen als lebendig. Es bliebe jedoch in beiden Zuständen das Eine, weil Tod und Leben nur einen jeweils anderen Zustand des Einen bezeichnen.

Wenn nun ein Richter den Mörder zu lebenslangem Gefängnis verurteilen würde, so würde das Eine sich selbst verurteilen, und ebenso würde es auch selbst verurteilt werden. Denn was immer passiert, ist natürlich nur das, was das Eine sich selbst (an)tut.

Angenommen der Richter würde ein Fehlurteil fällen, weil der Mann, der verurteilt wird, gar nicht der ist, der den Mord beging, so würde das Eine im Richter ein Fehlurteil über das Eine im unschuldigen Angeklagten fällen. Nun könnte der Unschuldige, zu lebenslanger Haft Verurteilte natürlich im Gefängnis verzweifeln und sich womöglich vor lauter Verzweiflung umbringen. Das wäre aber nichts anderes als eine Riesenshow, denn schließlich hätte das Eine (im Richter) sich selbst unschuldig verurteilt und sich dann aufgrund der Verzweiflung (als unschuldig Verurteilter) an einem Strick aufgehängt. Damit wäre dann das Eine im Selbstmörder wieder das Eine im Zustand des Todes, womit sich jedoch letzthin nichts im All-Einen verändern würde, weil das Eine immer nur das Eine sein kann.

Wenn nun ein total irrer Typ auf die Idee kommen würde, sechs Millionen Juden abzuschlachten, weil sie nicht arisch sind, so würde im Prinzip nichts anderes passieren als bei dem vorhin erwähnten Beispiel. Nur die Anzahl des Einen in jeweils anderen würde sich in denen, die abgeschlachtet würden, (allerdings erheblich) erhöhen. Im Prinzip jedoch würde wiederum nur eine Riesenshow stattfinden. (Sorry, ich möchte keine Gefühle verletzten, aber selbst wenn das geschähe, würde das Eine nur sich selbst verletzen, weil außer ihm einfach nichts existiert). Man muss sich das einmal vorstellen: Das Eine würde sich tatsächlich einbilden, es könnte sechs Millionen Menschen (oder mehr) geben, die keine Menschen, sondern nur Vieh sind, das man abschlachten kann und sogar muss, um die Welt „sauber“ zu halten.

Und die sechs Millionen Menschen würden tatsächlich glauben, dass sie von diesem paranoiden Österreicher mit dem lustigen Schnauzbart und dem rollenden R hingerichtet würden. Doch beide Perspektiven wären lediglich deshalb notwendig, damit das Eine sowohl in dem Schlächter als auch in den Geschlachteten unerkannt bleibt. Würde es nämlich nicht unerkannt bleiben, wäre diese Show niemals aufgeführt worden. All das passierte in Wahrheit nicht, weil in Wahrheit nur eins existiert und das ist das Eine, da sich nie ändert, auch wenn es scheinbar zwei oder 6 Millionen wird.

Du kannst es drehen und wenden, wie immer du willst: Da ist nur das Eine. Egal mit welchem Gesicht es erscheint. Egal was es tut. Egal was geschieht.

Tja, sagst du nun vielleicht, das klingt ziemlich logisch, aber wenn das Eine tatsächlich auch alles Böse ist, das es gibt, dann verstehe ich nicht, warum es in seiner Essenz Liebe sein soll.

Nun, du hast völlig recht, das ist wirklich ein nicht zu unterschätzendes intellektuelles Problem. Wie könnte Liebe vergewaltigen, quälen, foltern, töten?

Ich sage: WEIL das Eine Liebe ist! Wäre es nicht Liebe, könnte es sich unmöglich vergewaltigen, quälen, foltern und töten lassen. Denn es ist schließlich nicht nur der Vergewaltiger, der Quälende, der Folterer, der Mörder, sondern ebenso auch jedes einzelne Opfer!

Weil das Eine Liebe ist, kann es sich keiner möglichen Form der Selbstentfremdung entziehen. Denn je weiter es sich von sich selbst entfernt, desto größer die „empfundene“ Liebe, wenn es sich wiederfindet.

Meine Ex-Frau und ich verliebten uns ineinander, als wir beide noch mit anderen Partnern verheiratet waren. Über 20 Jahre ist das nun schon her. Erschwerend hinzu kam, dass wir zum damaligen Zeitpunkt dem Lager des fundamentalistischen Christentums angehörten und zwar einer besonders extremen Ausprägung. Ehebruch war dort eine schwere Sünde, ebenso schwer wie Diebstahl oder Mord und Scheidung war gleichbedeutend mit Exkommunikation. Genau das geschah (Gott sei Dank) auch, als wir die Liebe über den Popanz der sogenannten Moral stellten. Man wollte noch nicht einmal mit uns an einem Tisch essen und auf der Straße wandte man sich von uns ab. Aber es war gerade dieser ungeheure Druck, diese Ausweglosigkeit unserer „illegitimen“ Beziehung, die das Verlangen intensivierte. Liebesaffären, wie wir sie lieben, und wie sie uns in großen literarischen Werken, beispielsweise in Romeo und Julia vorgeführt werden, entstehen immer in ausweglos erscheinenden Situationen. Es gibt immer Nebenbuhler und Feinde. Wenn man sich in eine Frau oder einen Mann so mir nix dir nix verlieben kann, ganz ohne Schmerz und ohne Widerstände, kann die Liebe niemals so tief empfunden werden wie unter Umständen, in denen sie sozusagen auf Herz und Nieren auf ihre Echtheit und Tiefe geprüft wird.

Das Eine ist Liebe, aber es ist keine sterile Liebe im Reagenzglas. Es ist auch nicht die höchst moralische Kruzifixliebe aus muffigen bayerischen Schulräumen, wie sie vielen von uns im Religionsunterricht beigebracht wurde. Es ist vielmehr eine Liebe, die sich keiner möglichen Form der Selbstentfremdung und Verirrung zu entziehen vermag, weil sie sich nur auf diese Weise selbst zu beweisen vermag.

Ich empfehle religiösen Menschen einmal das *Hohelied der Liebe* im alten Testament zu lesen, dann bist du ziemlich nah dran an der schwärmerischen, ausgeflippten, alle „morali schen" Schranken durchbrechenden Liebe des Einen. Sei sicher, das Eine pfeift auf Moral! Seine Liebe ist ohne jede Moral!

Und dafür opfert sie sogar 6 Millionen Juden? Dafür wird sie zu den grausamen Nazischergen des dritten Reiches? Ja, genau dafür!

Eben dafür wurde sie auch zu Pontius Pilatus, der Jesus zum Kreuzestod verurteilte und zu Judas, der ihn verriet. Es ist Liebe, die sich **ihn selbst** ans Kreuz schlagen ließ. Wir lesen drüber hinweg, weil wir auf unsere Rettung, unsere Befreiung fixiert sind: „So sehr hat Gott die Welt geliebt..." Deshalb begreifen wir nicht, weshalb Liebe sich solch einer mörderischen Qual „hingeben" sollte. Warum begreifen wir es nicht? Weil wir diese Liebe, diese verrückte, sich vollkommen hingebende, sich selbst aufgebende Liebe nicht zu fassen vermögen, solange sie uns noch nicht berührt hat.

Freunde, wir sind nur Statisten! Unser kleines menschliches Leben ist nur ein Federstrich in einer Liebesaffäre, hinter der die von Romeo und Julia verblasst.

Wenn uns jedoch ein Blick hinter den Vorhang erlaubt wird, begreifen wir, dass wir essentiell das Eine sind, das sich in Liebe verliert und in Liebe wiederfindet.

Die Inszenierung des Welttheaters hat in sich selbst überhaupt keinen Sinn, daher erscheint sie uns auch relativ sinnlos, bis uns die Liebe berührt. Wir suchen sie zunächst in Eros und Philia. Aber diese beiden Formen der Liebe werden uns am Ende immer enttäuschen. Und genau dazu sind sie auch da, denn ganz am Ende der Suche des Einen nach sich selbst, begegnet sie sich selbst und dann ist sie Agape, die Liebe ohne Objekt.

Die Welt ist in Wahrheit die Manifestation seiner Liebe. Der Liebe des Einen. Gleichgültig was dir begegnet, Gut oder Böse, Freude oder Schmerz, Glückseligkeit oder Qual – es ist die Liebe des Einen, denn außer ihr existiert nichts.

Gott lieben

Kürzlich besuchte ich den Wiener Stephansdom, kniete eine Weile vor dem Bild Marias und ließ mich von der Predigt des Priesters berieseln, der gerade eine Messe zelebrierte. Wann immer ich in Thailand bin, besuche ich gern buddhistische Tempel und meditiere. Viele Jahre meines Lebens pflegte ich eine freundschaftliche Beziehung zu Jesus und manchmal spreche ich auch heute noch mit ihm.

Nichts spricht dagegen, Gott zu lieben. Die Form spielt dabei keine große Rolle. Menschen, die noch nicht desillusioniert sind, finden Kraft im Gebet.

Wenn du die Illusion der materiellen Welt durchschaust, kannst du jedes Spiel mitspielen. Auch das des Glaubens an Gott. Du kannst es aber auch lassen, denn in deiner Wahrnehmung ist noch nicht mal dein eigener Körper real.

Früher wunderte ich mich, als ich hörte, dass der Advaita-Lehrer Ramesh S. Balsekar, den ich als meinen „letzten" Guru bezeichne, ein gefühlvolles Gebet zu Gott sprach. Advaita ist die Lehre von der Nicht-Zweiheit. Es gibt nur das Eine. Nicht der Mensch hier und Gott dort. Alles ist die eine Quelle in ihrer Manifestation. Und doch betete er. Heute ist mir klar, dass ein Gebet zu Gott keinen Widerspruch zu Advaita darstellt. Denn hier leben wir in der Dualität. Als

Mensch sind wir tatsächlich das Geschöpf eines Schöpfers. Gleichzeitig jedoch ist jedes Geschöpf der Schöpfer.

Jesus sagte: „Wer mich sieht, sieht den Vater!" Dennoch betete er am Kreuz: „Vater, vergib ihnen, denn sie wissen nicht was sie tun!" Offenbar betete er zu sich selbst. Klingt paradox, nichtwahr?

Wer die Dualität als Illusion durchschaut hat, kann beten oder es lassen. Ein Gebet ist nicht weniger oder mehr real als ein Wiener Schnitzel zu essen oder eine Tasse Tee zu trinken. Essen und Trinken gehört zum Spiel Existenz. Ohne Speise und Trank würden wir verhungern und verdursten. Gebete sind geistige Speise. In Wahrheit jedoch ist sowohl unser materieller Körper als auch die sogenannte geistige Welt der Götter und Engel Illusion.

Für mich ist Beten heute nicht mehr von existentieller Bedeutung. Denn ich bin dauerhaft in einem Zustand, den ich früher durch Beten erzeugen musste, um ihn halbwegs genießen zu können. Wenn ich Kontakt zu Jesus aufnahm, spürte ich temporär diesen unaussprechlichen Frieden, der heute nie mehr von mir weicht.

Liebe zu Gott ist ein Ersatz für die Wahrnehmung unseres natürlichen Zustands. Du bist niemals von ihm getrennt. Das Gefühl der Trennung besteht nur solange, solange du noch dem irrtümlichen Eindruck aufsitzt, dein Körper und die

Welt seien real. Ist dieser Eindruck als Irrtum identifiziert, fällt er von dir ab wie das Laub der Bäume im Herbst.

Man kann die Quelle des Seins als Gott bezeichnen. Man kann auch so tun, als existierte ein Schöpfer, der unzählige Geschöpfe hervorgebracht hat. Und das erzeugt unter Umständen gute Gefühle, verleiht Hoffnung und Kraft. In Wahrheit jedoch gehört der Glaube schlicht zum Spiel der Dualität.

Wer dieses Spiel nicht durchschaut, wird mehr Probleme als Zuversicht durch den Glauben an Gott bekommen. Denn sobald du etwas Leidvolles erlebst, das du nicht verstehst, wird zweifelsfrei immer die Frage entstehen: „Warum lässt Gott das nur zu?“

Ich stelle mir diese Frage nie mehr, weil es in meiner Wahrnehmung keinen Schöpfergott gibt. Das Universum ist selbstexistent. Es hat niemals begonnen. Es endet niemals. Es ist nur hypothetisch vorhanden. So als ob sozusagen. Und das gilt auch für den Schöpfergott. Er ist ebenso eine Vorstellung wie die Welt. Ich kann mich der Vorstellung bedienen, kann so tun, als wäre da jemand, der unsichtbar über mir thront, und manchmal ist das ebenso erhebend wie ein Konzert, doch Wirklichkeit ist sie nicht.

Wirklichkeit ist nicht definierbar. Auch nicht erfahrbar. Wirklichkeit ist das, was übrig bleibt, wenn das, was nicht wirklich ist, als unwirklich durchschaut wird.

Göttliches Polit-Theater

Ich nehme den Begriff „göttlich“ nicht gern in den Mund, weil er falsche Assoziationen auslöst. Da ist nicht etwa ein Gott irgendwo, der zu seinem Vergnügen ein Schauspiel inszeniert. Wir können aber nur in menschlichen Kategorien über unser menschliches Dasein sprechen, sonst begreifen wir gar nichts. Das ist der Grund, weshalb ich Politik „göttliches Polit-Theater“ nenne.

Ohne Politik als eine Art göttliches Drama zu identifizieren, fragt man sich, wie es möglich wurde, dass ein so unterbelichteter, bestechlicher und jeglicher Herzenswärme entbehrender Typ mit der Attitüde eines John Wayne wie George W. Bush, an den Hebeln der Macht saß. Oder wie es möglich ist, dass intelligente, eloquente und begabte Menschen wie beispielsweise Oskar Lafontaine oder Gregor Gysi eine sogenannte Linkspartei gründen und tatsächlich glauben, den brachliegenden Binnenmarkt ankurbeln- und Deutschland vor weiterem wirtschaftlichen Abstieg retten zu können, indem der ohnehin schon bankrotte Staat über die Schwachen in der Gesellschaft das Füllhorn sozialer Leistungen ausschüttet? Wie ist es andererseits möglich, dass weniger eloquente, dafür aber mehr oder weniger pragmatische Politiker wie Angela Merkel, Edmund Stoiber oder Guido Westerwelle glauben, dass man durch Kürzung von Sozialleistungen, möglichst niedrige Steuern, die Vereinfachung des Steuersystems, den Abbau von Subventionen und Bürokratie die Arbeitslosigkeit drastisch abbauen und womöglich sogar ein neues Wirtschaftswunder wie in den Zeiten Erhardts hervorzaubern kann? Ich glaube im Unterschied zu vielen meiner Zeitgenossen nicht, dass sie uns aus Gründen des Machterhalts oder Machtgewinns etwas vormachen. Nein, die glauben schon dran, sind aber blind für die Realität.

Technisierung, Automatisierung und vor allem Globalisierung machen es schlicht unmöglich, dass das Heer der Arbeitslosen in den westeuropäischen Ländern wesentlich reduziert werden kann. Das System der Marktwirtschaft erfordert zudem, dass jedes Unternehmen wettbewerbsfähig bleiben muss, um Gewinne zu erwirtschaften und daher alles dafür tun muss, seine Produkte möglichst preisgünstig zu produzieren. Die Konsequenz: Möglichst geringe Personalkosten, denn insbesondere die sind es ja, die Produkte und Dienstleistungen teuer machen. Daher produziert man natürlich lieber in China, einem Land, in dem ein schwer arbeitender Arbeiter 10 oder bestenfalls 20 Prozent dessen verdient, was bei uns ein Arbeitsloser erhält. Daher lässt man lieber preisgünstige Polen die Drecksarbeit machen. Daher müssen immer weniger Mitarbeiter immer mehr leisten. Um die Verlagerung der Produktion ins billige Ausland zu verhindern, will man die Lohnzusatzkosten senken. Um sie jedoch so weit zu senken wie nötig, wären Sozialleistungen, wie die der Staat gegenwärtig gewährt, ein Ding der Unmöglichkeit.

Kein Konzept wird dieses Problem zu lösen vermögen. Wir werden uns um des sozialen Friedens willen darauf einstellen müssen, einen recht beachtlichen Anteil unserer Steuern dafür auszugeben, dass die Arbeitslosen und sozial Schwachen zumindest soviel Geld in die Hand kriegen, dass sie nicht die Reichen beklauen und auf unseren Straßen und Städten zu randalieren beginnen. Die künftige Verteilung von Wohlstand und gesellschaftlicher Stellung wird der Formel 20:80 folgen, behaupten die beiden Journalisten Martin und Schumann in ihrem Buch „Die Globalisierungsfalle“. Es ziehe eine Einfünftelgesellschaft herauf, welche die vier Fünftel ihrer ausgeschlossenen Mitglieder mit "Tittytainment" ruhigstellt – ein Begriff, den der ehemalige US-Sicherheitsberater Zbigniew Brzezinski aus "entertainment" und "tits" gebildet hat und praktisch nichts anderes bedeutet als das Prinzip „Brot und Spiele", mit dem schon die römische Aristokratie den Pöbel bei der Stange zu halten versuchte.

2,5 Billionen Euro betragen die privaten Geldvermögen von **10% der Deutschen**. Ohne Immobilien und Sachwerte und ohne Auslandsanlagen. Am unteren Ende der Einkommensskala leben dafür über 13% unterhalb der Armutsgrenze. Beide Zahlen gehen nicht etwa zurück, sondern steigen ständig. Und zwar immer schneller. Auch unter Rot-Grün. Es gibt eine Automatik der Umverteilung von unten nach oben, einen regelrechten Umverteilungsexzess. Die Reichen werden immer reicher und die Armen immer ärmer. Die soziale Ungleichverteilung in Deutschland und in der Welt ist inzwischen größer als zu Zeiten von Krösus oder Ludwig dem XIV. Das wird nur nicht bemerkt, weil die Leute heute nicht mehr im eigenen Land verhungern, sondern anderswo. Die privaten Geldvermögen der Reichen steigen nicht nur ständig an. Sie steigen vielmehr ständig immer schneller an. Sie verdoppeln sich alle 10 Jahre, vervierfachen sich alle 20 und verachtfachen sich alle 30 Jahre. Und das weitgehend leistungslos.

Trotz der eindeutigen Tendenz zu einer Gesellschaft, in der die Reichen immer reicher- und die Armen immer ärmer werden, bekommen wir jede Woche in x Polit-Talkshows im Brustton der Überzeugung untaugliche Konzepte präsentiert, die allesamt recht vernünftig klingen, aber in der Praxis versagen und versagen müssen. Nicht weil sie allesamt schlecht und wenig durchdacht sind, sondern weil der Markt nicht mehr hergibt und die Verteilung des vorhandenen Kapitals staatlich nur geringfügig beeinflusst werden kann.

„20 Prozent der arbeitsfähigen Bevölkerung werden in diesem Jahrhundert ausreichen, um die Weltwirtschaft in Schwung zu halten. Mehr Arbeitskraft wird nicht mehr gebraucht", behaupten die Spiegel-Redakteure.

Die Zeiten satter Wachstumsraten in Deutschland sind endgültig vorbei. Selbst wenn wir unsere Kühlschränke und Fernsehapparate jedes Jahr durch ein neues Gerät ersetzen würden, würden wir nicht das erforderliche Wachstum erreichen, das notwenig wäre, um auch nur in die Nähe von

Vollbeschäftigung zu gelangen. Und selbst wenn wir es erreichten, wären für die Mehrzahl der Arbeitslosen noch immer keine Arbeitsplätze vorhanden, die ihrer mangelnden Qualifikation entsprechen.

Es mag zynisch klingen, ist aber nicht so gemeint: Ein Krieg, der könnte uns helfen! Denn dann wäre wegen der notwendigen Wiederaufbaumaßnahmen wieder ein florierender Binnenmarkt da wie in den 50er Jahren! Dennoch steht natürlich zu hoffen, dass sich die Interpreten der Nostradamus-Prophetie kräftig irren, damit der an Torheit, Radikalität und Menschenverachtung nicht zu überbietende Gottesstaat radikaler Islamisten zumindest in Europa nicht Realität wird! Wenn ich mir allein vorstelle, dazu gezwungen zu sein, mir jeden Tag mehrmals das fürchterliche Gejaule eines Muezzins anzuhören, kommt mir das kalte Grauen.

Politik ist göttlich inszeniertes Theater. Schau in der Weltgeschichte zurück und du wirst erkennen: nach jedem Aufstieg eines sogenannten Weltreichs und auf der Höhe seiner Macht werden die Menschen dekadent und dann greift ein armes, gedemütigtes Volk nach der Macht. Im Grunde genommen bedarf es noch nicht einmal eines Gottes, der die Fäden zieht und die Marionetten auf der Bühne des Lebens tanzen lässt. Aufstieg und Abstieg liegen in der Natur der Dinge. Es ist das Wesen der Dualität.

Daher ist die Frage nach dem Warum des göttlichen Polit-Spiels unsinnig. Es ist so und es muss so sein, damit überhaupt Theater gespielt werden kann.

Okay, Bush ist ein Schmalspurdenker und Ignorant, aber er kann nix dafür. Ebenso wenig wie der rabiate Saddam Hussein in der Tradition seiner mittelalterlich denkenden Vorgänger dafür konnte, zum Massenmörder zu werden. Ebenso wenig wie Oskar Lafontaine etwas dafür kann, dass er ein rhetorisch außerordentlich begabter Demagoge und Blender ist. Jede Figur im göttlichen Polit-Theater ist zu dem prädestiniert, was sie zum Ausdruck bringt.

Ist dir das klar, kannst du als politischer Mensch die Figuren zwar kritisieren, gleichzeitig wirst du jedoch lächeln, denn verdammen kannst du sie nicht. Deine Kritik an der texanischen Cowboy-Politik des früheren amerikanischen Präsidenten, dein Aufbegehren gegen die strangulierende, jeden Fortschritt lähmende Bürokratie des deutschen Beamtenapparates oder den einstigen Egotrip des Querulanten Lafontaine ist ebenso Teil dieses göttlichen Theaters, wie jene, die du kritisierst.

Wir spielen alle nur unsere Rolle. Spiele sie, so gut es dir gelingt! Und durchschau das göttlich inszenierte Theater. „Niemand tut irgendwas. Alles geschieht ohne einen individuell Handelnden“, sagte der weise Ramesh S. Balsekar.

Große und kleine Päpste

Die Unfehlbarkeit des Papstes wird nicht nur von Nicht-Katholiken in Frage gestellt. Zum einen, weil sich diese Lehre im Lauf der Geschichte des Papsttums schon mehrmals als grottenfalsch herausstellte. Zum anderen, weil kein Mensch unfehlbar ist.

Die Behauptung, unfehlbar zu sein ist nicht nur eine Anmaßung höchsten Grades, sie ist auch gefährlich. Denn wer auf die rigiden Lehren des Papstes hört, wird niemals frei sein. Er wird in die Opferrolle gedrängt. Er wird zu einem dummen Schäflein in der Herde eines Hirten, der seine Schafe nicht liebt, sondern über die Steppe treibt und versklavt.

Ich kann mich nicht darüber freuen, wenn sich über eine Million zum größten Teil junger Menschen jubelnd um einen alten, verknöcherten Mann versammeln, der einmal Ratzinger hieß und dessen Name mich unwillkürlich an Ratten erinnert. Zwar bin ich mir dessen bewusst, dass niemand anderes als der Eine dieses Spiel inszeniert hat. Dies kann mich jedoch nicht daran hindern, es als Blödenspiel zu entlarven.

Ein Mensch, der sich anmaßt, seine Kirche als die allein seligmachende zu präsentieren, ist schlicht ein Sektierer. Denn der Begriff Sekte ist eine Ableitung des lateinischen Wortes *secare*, was trennen, abschneiden bedeutet. Genau das tut der gegenwärtige Papst, wenn er verbietet, das sogenannte Abendmahl mit Gläubigen anderer Glaubensrichtungen zu feiern. Was macht Ökumene für einen Sinn, wenn das zentrale Fest der Gläubigen nicht gemeinsam gefeiert werden kann? Gläubige außerhalb der katholischen Kirche werden nur aus diplomatischen Gründen geduldet, jedoch nicht anerkannt. Nichts weiter als eine Heuchelei ersten Ranges.

Diskriminierung ist nicht nur das Markenzeichen des gegenwärtigen Papstes, sie alle waren darauf bedacht, ihre religiöse Gemeinschaft auf die „unfehlbaren Lehren" ihres Oberhirten einzuschwören.

Dennoch hat die katholische Kirche einen Vorteil gegenüber den meisten anderen christlichen Kirchen: Die Unfehlbarkeit ihres Oberhaupts wird explizit verkündet. In vielen anderen religiösen Gemeinschaften wird dieser arrogante Anspruch zwar nicht erhoben, dafür aber *gelebt*. Und das ist nicht nur in Gemeinschaften christlicher Prägung der Fall.

Es gibt nahezu so viele Päpste wie es spirituelle Gemeinschaften gibt. In den USA läuft das manchmal folgendermaßen: Jim, ein gläubiger Maurer erhält beim Schaufeln von Mörtel eine göttliche Offenbarung. Er lässt die Schippe fallen, fällt auf die Knie und dankt Gott unter Tränen. Seine Kollegen eilen herzu, weil sie befürchten, ein Herzinfarkt habe ihn niedergestreckt, doch hören sie aus seinem Munde kein Wimmern, sondern die „Botschaft des Herrn". Schon am nächsten Wochenende versammeln sich neugierig gewordene Nachbarn und Arbeitskollegen um den auserwählten Jim in dessen Wohnzimmer, und staunen ob der Offenbarung, die der Herr in seiner unendlichen Gnade durch den Mund des einfachen, ungebildeten Mannes fließen lässt. Wenige Monate später reißt der gelernte Maurer eine Wand seines Wohnzimmers raus, um es entsprechend der beträchtlich angewachsenen Zuhörerschaft zu vergrößern. Zwei Jahre später schicken ihn seine Schäflein auf eine der unzähligen Bibelschulen, wo er zum Reverend ernannt wird und bauen aus dem Spendengeld eine Kirche, derer besonders in Kalifornien oder Texas in einer Straßenzeile so viele aus dem Boden schießen, wie es in der Fußgängerzone einer Großstadt Würstchenbuden gibt. Jim vertauscht die Mörtelkelle mit einer Holy Bible, den Blaumann mit einem Nadelstreifenanzug und wegen seiner speziellen Offenbarung, mit der er die heilige Schrift auszulegen weiß, wird er zu einem kleinen Papst.

Weit gefehlt, wer nun glaubt, solches Kleinpapsttum entstehe nur in christlichen Sekten amerikanischen Musters. Nein, es entsteht leider auch um spirituelle Lehrer, die Satsangs veranstalten und sich bei ihren Erläuterungen auf Advaita berufen. Bekannte Namen sind unter ihnen. Ein regelrechter Kult wird um sie getrieben, manche sitzen auf einem blumenbekränzten Thron, sie lassen nicht nur zu, dass man sie verehrt, sondern sind auch selbst davon überzeugt, ihre Interpretation der altehrwürdigen, indischen Lehre sei die klarste und reinste.

Es ist durchaus menschlich, sich zum Zentrum und zum Maß aller Dinge zu machen. Ein nicht vollständig desillusioniertes Ego ist unfähig, sich sozusagen über die Schulter zu sehen, herzlich über den Popanz zu lachen, der da mit ihm veranstaltet werden soll und es zu unterbinden. U.G. Krishnamurti tat dies, indem er Leute, die ihn verehrten, beleidigte oder gar des Raumes verwies. Über die Form mag man verschiedener Meinung sein, vom Grundsatz her ist es der Beweis für ein desillusioniertes Ego. Ganz anders verhält sich ein Ego, das sich noch im Prozess vollständiger Desillusionierung befindet: es ist dankbar, dass es unter der Maske der Erleuchtung weiter agieren kann wie zuvor.

Erleuchtet zu sein bedeutet nicht egolos zu sein. Das ist ein völlig falsches Verständnis. Wer dies jedoch meint, wird dem Ego erneut auf den Leim gehen. Daher spreche ich nicht von Erleuchtung, sondern von Desillusionierung. Denn alles, was bei der sogenannten Erleuchtung geschieht, ist, dass das Ego erkennt, das es in Wahrheit virtueller Natur ist, das es also in Wahrheit nicht existiert. Dass es nur eine Maske des Selbst ist. Dass nur Bewusstsein existiert, welches durch jeden Organismus zum Ausdruck kommt. Dass das Ego Teil der großen Illusion ist, mit der sich Bewusstsein in Szene setzt.

Große und kleine Päpste gehören zur Inszenierung des Einen, gar keine Frage. Wer sich jedoch des Gefühls nicht erwehren kann, dass da irgendwas in die falsche Richtung läuft, ist bereit zur vollständigen Desillusionierung. Und die tritt erst ein, wenn du die teilweise erheblichen Unterschiede zwischen den Menschen, gleichgültig ob sie materieller, physischer oder spiritueller Natur sind, lediglich als verschiedene Manifestationen des Einen zu sehen vermagst.

Wenn diese Desillusionierung eintritt, wird es dir unmöglich sein, dich an dem Popanz, der um die verehrungswürdigen großen und kleinen Päpste veranstaltet wird, zu beteiligen. Es wird im Gegenteil höchst abstoßend auf dich wirken.

Kein Desillusionierter kann sich verehren oder anbeten lassen. In Indien mag er es aufgrund der langen Tradition, die diese Art der Guru-Verehrung genießt, gestatten. Ramesh S. Balsekar beispielsweise ließ sich nach jedem Talk die Füße küssen, doch als ich ihm dabei ins Gesicht sah, bemerkte ich, wie sehr ihn diese traditionelle Zeremonie langweilte. Seine Augen wurden dabei immer kleiner und manchmal gähnte er ungeniert. Einer seiner Vertrauten erzählte mir, dass er zu Beginn seiner Talks einen Schreck bekam und spontan die Füße wegzog, als seine Bewunderer vor ihm niederknieten und sie zu küssen versuchten.

Ein Ego, das zu seiner Quelle zurückfand, hat dies nicht bewirkt, meint: es ist nicht „seine“ Leistung. Es „geschah“ ebenso wie seine Geburt. Es ist das natürliche Ende eines Prozesses, dem wir ausnahmslos alle entgegen gehen. Je weniger du an der äußeren Erscheinung eines Gurus fest hängst, desto schneller wirst du ihn als Spiegel dessen betrachten, was du selbst bist: Bewusstsein.

Wenn du einen Papst verehrst, mag er groß oder klein sein, macht es offenbar, dass du dein eigenes Ego verehrst. Jeder Papst ist lediglich ein Spiegel deines eigenen Wesens. Nur weil du nicht sein kannst wie er, nimmst du nicht die Rolle des Verehrten, sondern des Verehrers ein. Ohne die Verehrer würde es ja auch nicht funktionieren. Natürlich ist es dir erlaubt, dieses Blödenspiel weiter zu spielen. Schließlich bist du Bewusstsein, das sich in diesem Fall halt auf ein Blödenspiel einlässt, von denen es ohnehin schon mehr als genug auf dieser Welt gibt.

Du bist der Handschuh, nicht die Hand

Als ich gestern Morgen Brötchen kaufte, telefonierte gerade eine der beiden Verkäuferinnen, die andere bediente. Als ihr Gespräch beendet war, sah sie auf und sagte: „Wer kommt dran?“ Ich sah nach links und rechts – und lachte. Sie dann auch, denn ihre Frage erübrigte sich, da außer mir und einem einzigen anderen Kunden, der bereits bedient wurde, niemand anwesend war.

Natürlich könnte man sagen: Sie handelte gewohnheitsmäßig. Ich würde sagen: Sie handelte gar nicht! Ich übrigens auch nicht, als ich lachte.

Stell dir eine Hand in einem Handschuh vor. Und stell dir gleichzeitig vor, der Handschuh könnte denken, er wäre die Hand. Was würde er denken, wenn er das Gefühl hat, das „er“ sich bewegt? *Ich bewege mich.* Was würde „er“ denken, wenn er sich nicht bewegt: *Ich habe keine Lust mich jetzt zu bewegen.* Was passiert in Wirklichkeit? Natürlich – die Hand bewegt sich oder bewegt sich nicht. Der Handschuh führt nur aus, was die Hand tut oder nicht tut.

Ich weiß, dass es desillusionierend klingt, aber soll ich dich deshalb belügen? Niemand von uns handelt. Wir haben nur das Gefühl, in Wahrheit agieren und reagieren wir gemäß unserer inneren Software und dem Programm, das in unser Gehirn installiert ist. Wir sind nicht die Hand, sondern der

Handschuh. Die Verkäuferin fragt: „Wer ist dran?“, weil ihre innere Software auf dieses Verhalten programmiert ist.

Früher erschreckte mich dieser Gedanke, er hat so was roboter- bzw. marionettenhaftes, nichtwahr? Heute nicht mehr. Denn er brachte die große Freiheit. Freiheit von der törichten Vorstellung, ich müsse mein Leben in den Griff kriegen, ich hätte Verantwortung, Aufgaben, Aufträge, usw.

Du bist aus 1000 Ichs zusammengesetzt. Es sind nicht nur „zwei Seelen in deiner Brust“, die manchmal im Widerstreit miteinander liegen. Es gibt unzählige Ich-Zustände, doch keiner dieser Zustände ist das, was du wirklich bist.

Wenn der Prozess der Desillusionierung seinen Abschluss erfährt, wirst du sehen: „Ich sage nur „ich“, aber in Wahrheit gibt es kein Ich.“ Was ich meine ist: Es gibt keine homogene Persönlichkeit, wie sie uns der scheinbar homogene Körper vorgaukelt.

Was sind wir dann? Jeder Begriff, den ich einsetzen kann (Selbst, großes Ich, Gott, etc.) gibt uns wiederum das Gefühl einer homogenen Instanz. Und diese ist schlichtweg Illusion.

An dieser Stelle ein Wort über Reinkarnation: Du bist zum ersten Mal auf der Welt und gleichzeitig auch zum letzten Mal. Denn du als das Ich, für das du dich hältst, bist Illusion. Ich füge hinzu: **Benutzer**-Illusion. Denn ohne das Ich-**Empfinden** ist praktisches Leben undenkbar. (Solange du weißt, dass es sich nur um eine Benutzer-Illusion handelt, ist es völlig okay „Ich“ zu sagen.) Gleichzeitig stimmt: Der Prozess der Metamorphose benötigt offenbar weit mehr als nur ein Leben. Der Prozess, in dem „du“ dich heute befindest, erfuhr mit deiner Geburt lediglich seine Fortsetzung. Es könnte sein, dass er wiederum fortgesetzt wird. Das wird aber nur dann interessant für dich sein, solange du glaubst: ICH reinkarniere. Reinkarnation ist jedoch nichts anderes als das „Entpacken einer bereits vorhandenen Datei“. Das, was du während deines Lebens erfährst, entwickelt deine innere Software. Löst sich der Körper in seine „ewigen“ Bestandteile auf, wird die entwickelte Software gespeichert. Irgendwann wird sie angeklickt, dann öffnet sie sich und ein neuer Mensch wird geboren. Dieser Mensch hat jedoch mir „dir“ überhaupt nichts zu tun. Er ist also nicht „du“ in anderer Gestalt. „Aber ist es nicht das, was ich während meines letzten Lebens war?“ Ja und Nein. Ja, weil sich das, was sich fortsetzt, aus dem speist, was gelebt und entwickelt wurde. Nein, weil die „Person“ immer nur virtueller Natur ist. Was inkarniert, ist immer „das Eine“ – entpackt aus einer komprimierten Datei. Das trifft natürlich auch für dein gegenwärtiges Leben zu.

(Das ist natürlich nur ein Konzept in der Illusion für die Illusion, nicht die Wahrheit. Wahrheit ist, dass es weder Anfang noch Ende gibt. Und daher gibt es weder komprimierte noch geöffnete Dateien.)

Solange du dein Ich für real hältst, ist natürlich alles, was du über Reinkarnation oder nachtodliche Erfahrungen liest, hochinteressant, weil es dein Ich-Überleben zu sichern scheint. Ein Zeichen dafür, dass sich der Prozess der Desillusionierung noch in der Anfangsphase befindet. Wenn das Ich erst einmal als Illusion entlarvt ist, wird Reinkarnation nur noch ein Randthema mehr für dich sein. Ohne Bedeutung.

Viel wichtiger wird dir erscheinen, die Ich-Illusion und das starke Empfinden, der Handelnde zu sein, loszuwerden. Und es ist überhaupt keine Frage, dass du sie loswerden musst. Aber – und das ist überaus wichtig – du brauchst dich nicht darum bemühen. Im Gegenteil: Jedes Bemühen verstärkt die Ich-Illusion.

Jeder von uns kennt das Empfinden vollkommenen Friedens. Selbst wenn es nur für Sekunden erlebt wird. Natürlich, denn dieser Friede ist unser natürlicher Zustand. Warum bleibt er aber nicht bei uns? Nur aus einem Grund: Dein Bemühen ist es! Deine Anstrengung, dein Streben nach diesem Frieden. Natürlich auch deine Suche auf Wegen, die den Unfrieden weiter vermehren. Würdest du dich nicht mehr um ihn bemühen, würde er sich nicht mehr verflüchtigen. Klar! Mit dem Frieden ist es ähnlich wie mit einem Ball, auf den du zu schwimmst, um ihn endlich zu fassen. Du vertreibst ihn durch deine eigene Bewegung.

Wenn wir das aber hören, passiert folgendes: Wir bemühen uns, uns nicht mehr zu bemühen! Das funktioniert natürlich ebenso wenig, denn es erzeugt ebensolche Wellen.

Verdammt, was funktioniert denn dann überhaupt? Der Prozess, in dem du dich bereits befindest, der funktioniert und zwar 100%ig. Er führt unausweichlich zum Ziel. Ja, im Grunde ist er schon am Ziel, du weißt es nur noch nicht, weil der Prozess **erlebt** werden will! Die Alten nannten es das göttliche Spiel!

Die Verkäuferin mit ihrem roboterhaften Verhalten ist ebenso in diesem Prozess wie jedes andere Lebewesen. **Und deshalb ist das, was du gerade erlebst, perfekt. Es könnte nicht besser laufen, wie es gerade läuft! Es ist genauso wie es sein muss, denn müsste es anders sein, wäre es anders.**

Wird dieses Bewusstsein beständig, verflüchtigt sich die Ich-Illusion, denn sie nährt sich aus dem Empfinden, das es noch nicht so ist, wie es sein soll.

Ich bin der Weg

Ich bin der Weg, die Wahrheit und das Leben.
Niemand kommt zum Vater, denn durch mich.

Jesus Christus

Vielleicht ist diese Bibelstelle die am meisten missverstandene. Die christliche Kirche hat sie zum Dogma erhoben. Aus ihrer Sichtweise ist sie ein Beweis dafür, dass Jesus Christus der einzige Zugang zu Gott ist.

Gute Exegese (Wissenschaft von der Bibelauslegung) beschäftigt sich zunächst mit dem Kontext. Und der weist eindeutig darauf hin, dass Jesus zu seinen Jüngern sprach und diese Aussage sogar nur gegenüber einem Jünger gegenüber traf, nämlich Thomas, nachdem der ihn fragte: *Herr, wir wissen nicht, wo du hin gehst; und wie können wir den Weg wissen?* Wir wissen darüber hinaus, dass Thomas ein besonders skeptischer Jünger war. Wohl jeder erinnert sich an den bekannten Spruch vom „ungläubigen Thomas". Ihm gegenüber bedurfte es daher eines Wortes, das ihm klare Orientierung bot.

Nie und nimmer jedoch wollte Jesus sich zum einzigen Weg zu Gott erheben. Diese grottenfalsche Interpretation ist die Ursache dafür, dass insbesondere fundamentalistische Chris ten noch immer andere spirituelle Wege ausschließen und sie sogar als Verführung Satans denunzieren.

Jesus war ein hochkarätiger spiritueller Meister. Seine Absicht war es nicht, Menschen an sich als Person zu binden. Er wusste lediglich um das Prinzip, dass Menschen in den meisten Fällen eines Gurus (spirituellen Meisters) bedürfen, um zu ihrer Essenz zu finden.

Dieses Prinzip gilt heute ebenso wie damals. Zwar würde es mir nicht im Traum einfallen, mein Konzept als einzig wahres oder einzig effektives Konzept anzupreisen. Wenn du dich jedoch von ihm angezogen fühlst, empfehle ich dir, es **ausschließlich** zu nutzen und alle anderen Konzepte – zumindest für einen bestimmten Zeitraum – nicht mehr zu beachten.

Jeder Mensch ist anders gestrickt. Manche Leute können mit mir nichts anfangen. Ich bin ihnen zu unheilig, zu gerade heraus, zu hart, oder schlicht *zu* gewöhnlich. Sie brauchen jemanden, der Sanftheit, Milde, Hoheit und Unberührbarkeit ausstrahlt. Nun, es gibt ja genügend Heilige, die andauernd lächeln und dir die Hand auf den Kopf legen, wenn du ihre Füße küsst. Wenn du dich von einem Meister dieser Couleur angezogen fühlst, dann ist er dein Weg, deine Wahrheit, dein Leben. Und du wirst ohne ihn nicht zu dir selbst kommen. Das ist das Prinzip.

Wenn du aber spürst, dass ich dich magisch anziehe, *dann musst du **mir** folgen*. Es geht dabei überhaupt nicht um mich. Ich bin nur *ein* Instrument unter vielen anderen. Ich lege auch nicht den geringsten Wert darauf, Jünger zu sammeln. Im Gegenteil: Ich bin dankbar und froh, wenn du woanders hingehst, weil ich das Alleinsein liebe und nur schwerlich darauf verzichte, den größten Teil meiner Zeit mit mir selbst zu verbringen. Aber mir scheint mehr und mehr, dass ich keine andere Wahl habe, als dem eben beschriebenen Prinzip Rechnung zu tragen. Wer sich von mir angezogen fühlt, wird mir eine Zeitlang folgen müssen. Wie lange? Das vermag ich dir nicht sagen, denn es liegt nicht in meiner Hand. Es kann sich um ein paar Wochen oder um einige Jahre handeln. Du wirst selbst wissen, wann die Nachfolge beendet ist.

Niemand kann sagen: Ich bin der Weg, die Wahrheit und das Leben. Nicht einmal Jesus konnte das. Warum tat er es trotzdem? Weil er dieses Konzept nutzte, um zweifelnden Menschen Orientierung zu geben. Er nahm Thomas die Entscheidung ab, indem er sich für ihn absolut setzte.

Ich sage dir: *Du bist der Weg. Du bist die Wahrheit. Du bist das Leben.* Aber solange du das nicht weißt, bin ich es für dich. Ich übernehme eine Zeitlang das Steuer deines Lebens. Tu einfach das, was ich dir sage und du wirst schließlich sehen, dass ich nicht mehr bin als du. Dass du genau dasselbe wie ich bist.

Ohne liebende Hingabe kommst du nicht an deine Essenz ran. Ich wäre dankbar und froh, wenn du dich wie ich einfach in die *objektlose Liebe* verlieben könntest. Sollte dir das jedoch nicht gelingen, dann verlieb dich einfach in mich!

Entscheidend ist nicht das, was du liebst, sondern nur das du liebst. An dieser Stelle möchte ich meinen Mentor Thaddeus Golas zitieren: *Nachdem wir wissen, dass negative Methoden zum High-Werden nicht zu einer stabilen Raumerfahrung führen, woran liegt es denn, dass Yoga zum Erfolg führt? Der Grund, weshalb Yoga funktioniert, sofern es das tut,* ***ist in der Liebe zu finden, die zwischen Lehrer und Schüler zum Ausdruck kommt, und in der bereitwillig entgegengebrachten Aufmerksamkeit des Schülers.***

Ich habe über 10 Jahre meinen Guru geliebt, obwohl ich sein Verhalten oftmals nicht verstand und 99 Prozent seiner Lehren in den Papierkorb warf, nachdem ich ihn verlassen hatte. Dennoch möchte ich diese Zeit nicht missen. Sie war absolut notwendig für mich. Es war gut und hilfreich, mich ihm in Liebe auszuliefern und sein Wort wie Gottes Wort aufzunehmen.

Im Westen stehen wir dem Prinzip liebender Hingabe skeptisch gegenüber. In Deutschland nicht zuletzt sicher auch, weil wir im dritten Reich ziemlich negative Erfahrungen mit dem Prinzip „Führer, wir folgen dir“ machten. Was den spirituellen Weg anbelangt, scheint es jedoch oftmals keine andere Möglichkeit zu geben, um an unsere Essenz ran zu kommen. Ein Buch zu lesen und die dort aufgezeichneten Übungen zu machen ist zweifellos hilfreich. In der persönlichen Begegnung mit dem, der sie dir empfiehlt, findet jedoch eine Energieübermittlung statt, die ein Buch nicht zu leisten vermag.

Da ich mir dessen bewusst bin, dass ich nicht handle, kann ich dir getrost das Angebot machen, mein Konzept exklusiv anzuwenden und mir zu folgen, als wäre ich *der einzige Weg* zu dir selbst. Du wirst spüren, ob du dieses Angebot annehmen sollst. Mehr noch: Du wirst, wenn es sein soll, gar keine andere Wahl haben!

In Balance sein

Heute Morgen passiert: Beim Weg vom Bäcker zum Auto. Ich öffne die Wagentür, in der anderen Hand die Tüte mit Brötchen, will mich gerade rein setzen, da rutschen mir beide Füße nach vorne weg, weil ich auf ner Eisplatte stehe, die ich nicht bemerkte. Es setzt mich zwar auf den Sitz, allerdings nur halbarschig und mein Rücken knallt voll auf den Seitenholm. Das war schmerzhaft.

Hey, ist mein erster Gedanke, wie gut, dass es mich nicht neben den Sitz auf die Straße gesetzt- oder den Kopf an den Holm geschlagen hat, das wäre weitaus schmerzhafter gewesen. Dann: Schau mal, so schnell kann's gehen! Du bist vollkommen abhängig von deinem Schicksal. Von dem, was in deinem Drehbuch steht.

Bist du dir dessen bewusst? Dein Menschsein hängt wirklich an einem seidenen Faden. In einer Sekunde kannst du querschnittsgelähmt sein. Natürlich auch tot. Daher: Sei bescheiden. Nimm dich nicht so ernst. Du als Person bist aus Dreck gemacht. Schau dir ab und zu mal ne Leiche an. Denk dran: Das ist der Weg allen Lebens. Dort ende auch ich.

Du bist Bewusstsein. Überhaupt keine Frage. Der Tod ist für dich als Bewusstsein völlig bedeutungslos. Du wirst dann zwar nicht mehr (bewusst) sein, aber aus diesem Unbewussten entstehen andauernd (neue) Bewusstseins-Formen. **Und**

das bist du. Du bist also nicht nur das, was du jetzt in DEINEM Körper erlebst, du bist das, was ALLE Körper erleben. Du bist jenes Eine, aus dem alles wird. Obwohl du nicht bist und niemals sein wirst.

Versuch erst gar nicht deinen Verstand zu bemühen, um das zu verstehen. Der Verstand ist nicht dazu da, um das zu verstehen. Er soll dir helfen, dein Leben in der Illusion (einigermaßen) auf die Reihe zu kriegen. Also beispielsweise nicht über die Straße zu gehen, wenn die Ampel auf Rot steht. Oder erst dann deine Traumweltreise anzutreten, wenn genügend Geld auf deinem Bankkonto ist. Oder ein bisschen geduldiger mit deinem aus deiner Sicht zu langsamen Partner zu sein! Oder beim Brötchen holen darauf zu achten, ob du beim Einsteigen ins Auto womöglich auf einer Eisplatte stehst. ☺

Denk nicht, du würdest ein gespaltenes Wesen mit diesen zwei verschiedenen Sichtweisen: Ich bin weit mehr als das All und gleichzeitig Dreck. Nein, diese beiden Sichtweisen ergänzen einander vielmehr. „Ich bin allumfassend“ macht dich weit und unsterblich. „Ich bin Dreck“ macht dich bescheiden und sterblich. Das nenn ich: In Balance sein.

In jedem Moment ist es Liebe

Wenn du genau hinsiehst, wirst du in der Welt nur Liebe wahrnehmen. In allem. Nicht nur in dem, was dir liebevoll-, oh nein, auch in dem, was dir hässlich erscheint.

In allem ist Liebe. Selbst in einem Bankraub. Selbst in einem Mord. Selbst in der Folter.

Niemand tut etwas, das nicht aus Liebe geschähe. Es ist unmöglich, weil Gott Liebe ist. Und außer ihm ist schließlich keiner. Nur er ist und nur er ist alles, was geschieht!

Schau genau hin, dann wirst du in allem nur Liebe erkennen! Schau unter die Maske aus Habgier, Eifersucht, Neid und Hass! Schau unter die Maske des islamistischen Terroristen! Liebe treibt ihn zum Selbstmordattentat! Liebe zu seinem Propheten! Liebe zu seinem Volk, seinem Land! Schau unter die Maske des Folterers und seiner unverständlichen, gehässigen Freude an der Qual anderer. Es ist nichts anderes als Liebe, die ihn zu diesen Untaten treibt, auch wenn wir sie entartet nennen müssen, auch wenn sie noch weit, weit entfernt ist, ihr volles Potential zu entfalten. Schau dir an, wie hässlich, eklig und abstoßend der entzückende Schmetterling im Raupenstadium erscheint.

Liebe wächst im Try- und Errorverfahren. Aber in jedem Stadium ist es Liebe. Selbst wenn es aussieht wie Hass.

Wie primitiv und animalisch, wie verroht und verrucht uns die Menschen manchmal auch erscheinen mögen, es kann nur Liebe sein, die in einer zugegebermaßen oftmals ziemlich abstoßenden, ja abscheulichen Hülle heran wächst.

Oh warum nur, all diese Leiden?! Ist das deine brennende Frage? Ach, wie lange habe ich sie mir gestellt! Viele Jahrzehnte! Immer und immer wieder bin ich schier an ihr verzweifelt! Heute kann ich sagen: Mein Freund, es ist Liebe, es ist ausschließlich Liebe, die für jeden, aber auch wirklich jeden Schmerz verantwortlich ist. Denn die Liebe kann sich keiner Erfahrung verweigern. Es wäre nicht Liebe, wenn sie nur die helle und schöne Erfahrung erwählen und sich schützen und bewahren könnte vor dem Erleben des Dunklen und Abgründigen. Und es sind eben gerade die verschlungenen Pfade, die finsteren, dunklen Abgründe der Seele, in denen der Lichtstrahl der Liebe erst seine wahre Bedeutung erhält. Die Zeit ist oftmals wie ein schwarzes Tuch, hinter der sich das liebevolle Antlitz der Liebe verbirgt. Wie die Sonne, wenn sie sich hinter dunklen Wolken versteckt hält.

Ja, manchmal ist es wahrhaft nicht leicht, hinter der Maske des Grauens deinen wahren Geliebten zu sehen! Den, der dich in allem und jedem erwartet, um sich in dir zu umarmen! Den, der letztlich nie etwas anderes war als der, der dich mit unbedingter Liebe liebt. Das Leben ist eine Liebesaffäre. Mit ihm, dem einzig wahren Geliebten.

Irrtum ausgeschlossen

Du kannst dich niemals (ver)irren! Selbst wenn du dir sagen musst: „Oh Gott, wie sehr habe ich mich in diesem Menschen getäuscht! Oder: „Wieso habe ich nur diesen riesengroßen Fehler gemacht?“

Irrtum ausgeschlossen! Was immer in deinem Leben geschieht und wenn du den größten Bockmist gebaut hast – es war PERFEKT!

Positives Denken? Weit gefehlt! Positives Denken knickt schneller ein als ein Schilfrohr, sobald dir etwas so richtig gegen den Strich geht. Nehmen wir nur einmal an, der Arzt würde bei dir Krebs im Endstadium diagnostizieren. Was meinst du? Könntest du so eine Situation noch als PERFEKT betrachten? Schwerlich nichtwahr?

„Irrtum ausgeschlossen“, egal was passiert – das ist kein Zweckoptimismus, sondern das Ergebnis einer präzisen Analyse dessen, was wir Leben oder Existenz nennen.

Wie das? Lass es mich dir erklären: Zunächst muss dir klar werden, dass Gott ein Hirngespinst ist, eine Erfindung, in Menschengehirnen erdacht. Zu glauben, dass ein persönlicher Gott existiert, ist eine Beleidigung der Vernunft! Wenn tatsächlich ein persönlicher Gott existierte, müsste man ihn in eine Irrenanstalt einliefern, noch besser wäre, ihn ohne

Strafverfahren hinzurichten, denn die Beweise für seine Schuld liegen alle auf der Hand. Ich bin ein Gegner der Todesstrafe, aber in diesem Fall würde ich eine Ausnahme machen. Gott würde ich ohne zu zaudern und ohne Gerichtsverhandlung auf den elektrischen Stuhl bringen. Denn niemand hat so viele Verbrechen begangen wie Gott. Letzthin geht jede Ungerechtigkeit auf diesem Globus auf sein Konto. Es nützt nichts, wenn wir sie dem Diabolo oder dem sogenannten freien Willen des Menschen zurechnen, denn der Schöpfer des Teufels oder des „freien Willens“ ist schließlich niemand anderes als Gott! In wenigen lichten Momenten wurde das selbst denen klar, die an einen persönlichen Gott glaubten.

Der Prophet Jesaja schrieb: *„Ich bin der Herr, und sonst keiner mehr; kein Gott ist außer mir... Ich bin der Herr, und keiner mehr; der ich das Licht mache und schaffe die Finsternis, der ich Frieden gebe und schaffe das Übel. Ich bin der HERR, der solches alles tut.“ (Jes. 45: 5-7)*

Und Paulus schrieb: *„Was wollen wir denn hier sagen? Ist denn Gott ungerecht? Das sei ferne! Denn er spricht zu Mose: "Welchem ich gnädig bin, dem bin ich gnädig; und welches ich mich erbarme, des erbarme ich mich." So liegt es nun nicht an jemandes Wollen oder Laufen, sondern an Gottes Erbarmen. Denn die Schrift sagt zum Pharao: "Ebendarum habe ich dich erweckt, dass ich an dir meine Macht erzeige, auf dass mein Name verkündigt werde in allen Landen." So erbarmt er sich nun, welches er will, und verstockt,* *welchen er will. So sagst du zu mir: Was beschuldigt er uns denn? Wer kann seinem Willen widerstehen? Ja, lieber Mensch, wer bist du denn, dass du mit Gott rechten willst? Spricht auch ein Werk zu seinem Meister: Warum machst du mich also? Hat nicht ein Töpfer Macht, aus einem Klumpen zu machen ein Gefäß zu Ehren und das andere zu Unehren? (Röm. 9:14-21)*

So logisch es ist, Gott als Ursache des Guten und Bösen zu betrachten, so grottenfalsch ist es, überhaupt an ihn zu glauben. Denn wäre Gott tatsächlich die Ursache des Guten und Bösen, wäre er tatsächlich den einen gewogen und den anderen nicht, wäre er kein gerechter Gott, sondern ein Scheusal, ein Zyniker, ein Monster. Wenn Paulus uns fragt: *„Ist denn Ungerechtigkeit bei Gott?"*, antworte ich: Aber natürlich! Erkennst du denn nicht, dass du dir selbst widersprichst, wenn du einerseits sagst: *„Ungerechtigkeit bei Gott? Das sei ferne!"* und dann kein anderes Argument für sein gerechtes Handeln aufzeigst als seinen souveränen Willen, der ihn nach Gusto entscheiden lässt, wem er gewogen ist und wem nicht?! *„Jakob habe ich geliebt, Esau gehasst!"* Was ist das denn für eine Logik?

Nein, meine Freunde, Gott löst unsere Probleme nicht, durch ihn kommen sie erst zustande. Daher empfehle ich: Töte ihn! Töte ihn in deinem Gehirn, denn nur dort existiert er. Ein *persönlicher* Gott, gleichgültig ob du in Jehova, Allah oder himmlischer Vater nennst, ist ein Hirngespinst, weiter nichts. Ein Hirngespinst allerdings, das heute wie damals für die meisten Konflikte, Kriege und Terrorakte auf Erden verantwortlich ist.

Ist der persönliche Gott hingerichtet, können wir den nächsten Schritt tun und uns wieder dem Pauluswort zuwenden. Denn in einem Punkt hat er natürlich vollständig recht: Kein Mensch entscheidet über sein Schicksal! Niemand von uns kann über sein Leben bestimmen! Schon bevor du das Licht der Welt erblickst, ist dein Dasein bis ins kleinste Detail festgelegt. Selbst der Zeitpunkt, an dem dir das erste Haar ausfällt, ist von einem Seher voraussagbar. Wir sind nur Ausführende! Bioroboter! Mit Haut überzogene Maschinen mit dem Empfinden, frei entscheiden zu können!

Die moderne Hirnforschung ist zu diesem Urteil gelangt, ich muss mich darin gar nicht auf die sogenannten Mystiker beziehen, die diese Tatsache intuitiv schon immer glasklar erkannten. Alle Entscheidungen, von denen wir meinen, dass wir sie treffen, werden im limbischen System getroffen, bevor uns klar wird, dass wir sie treffen wollen, sagen uns die Neurobiologen. Das bedeutet: Bevor du etwas sagst oder tust, ist das, was du sagen oder tun wirst, bereits festgelegt. Du führst lediglich aus, was du an Impulsen empfängst oder was dir dein emotionales Gehirn vorgibt. Dass dir dieser Vorgang nicht bewusst ist, ändert nichts an dieser Tatsache.

Ich habe weder Lust noch Zeit, die Erkenntnisse und Vorgehensweisen moderner Hirnforschung in diesem Rahmen zu schildern. Wenn sie dich interessieren, lies ein Buch von Prof. Dr. Gerhard Roth oder Prof. Dr. Wolf Singer.

Die Behauptung, diese Einstellung führe zwingend zum Fatalismus, ist Unsinn. Wenn du wirklich verstehst, was diese Erkenntnis bedeutet, führt sie zur größtmöglichen Freiheit. Denn da alles, was ich denke und tue, in meinem Gehirn entschieden ist, bevor ich es denke und tue, KANN ich immer nur das denken und tun, was in meinem Gehirn entschieden wurde, bevor ich es denke und tue. Folglich kann ich denken und tun, was immer ich denken und tun KANN! Denn ich könnte ja nicht denken und tun, was ich denke und tue, wäre es nicht schon entschieden, bevor ich es denke und tue! Und daher bin ich frei, ALLES zu denken und zu tun, was ich zu denken und zu tun VERMAG. So einfach ist das!

Nun, wirst du vielleicht sagen, jetzt weiß ich immer noch nicht, weshalb du behauptest: Irrtum ausgeschlossen! Nun, dann bist du meiner Argumentation nicht aufmerksam genug gefolgt.

Wenn kein persönlicher Gott existiert, der unser Handeln nach einem Maßstab, den er nach Gutdünken in Anwendung bringt, als gut oder böse bezeichnet; wenn das, was wir denken und tun, in jedem Detail vorherbestimmt ist, dann kann das, was geschieht, nur PERFEKT sein, denn: es gibt ja zu dem, was jeweils geschieht, niemals eine Alternative! Zwar mag es theoretisch wohl eine geben, vom praktischen Standpunkt betrachtet gibt es sie jedoch nicht. Denn du denkst und tust ausschließlich immer nur das, was ein Seher bis ins kleinste Detail voraussagen könnte und vorausgesagt hätte. Daher kann das, was du denkst und tust, nur PERRFEKT sein.

Und noch ein Argument gibt es für die Behauptung: Irrtum ausgeschlossen! Auch dafür bemühe ich wieder die Bibel, in diesem Fall den schon vorher zitierten Propheten Jesaja. Denn grundsätzlich hat er ja recht, wenn er sagt: *„Ich bin der Herr, und keiner mehr; der ich das Licht mache und schaffe die Finsternis, der ich Frieden gebe und schaffe das Übel".* Streichen wir einfach das Wort „Herr", womit der persönliche Gott gemeint ist und ersetzen es mit „das Eine", dann wird ein Schuh draus.

Was ist dieses Eine? Zunächst: Unpersönlich. Kein HERR im Sinne eines persönlichen Gottes. Dann: Schlicht alles, was ist! In allem, was ist, verbirgt sich das Eine. Es erscheint uns als Vielfalt, kann aber nie etwas anderes sein, als das Eine in allem.

In der Schule hast du gelernt: Eins plus Eins ist Zwei. Eins minus Eins ist Null. Die Gleichung der kosmischen Mathematik lautet: Eins plus Eins ist Eins. Eins minus Eins ist Eins. Denn da ist nur das Eine. Selbst wenn du 28 Nullen dran hängst. Das Eine bleibt immer das Eine. Ob du etwas addierst oder subtrahierst, multiplizierst oder dividierst – immer bleibt es das Eine.

Daher: Egal, was geschieht, Licht oder Dunkel, Gutes oder Böses, wenn das EINE ALLES ist, muss ALLES das EINE sein.

Das, was geschieht, ist also nicht deshalb perfekt, weil es gut, schön, günstig, vorteilhaft ist, sondern weil es nie etwas anderes als das Eine sein kann, außer dem nichts existiert. *„Ich bin der HERR, und sonst keiner mehr; kein Gott ist außer mir.“* Anders formuliert: Nur das Eine existiert. Außer dem Einen ist nichts, was ist.

David drückte das so aus: *„HERR, Du erforschest mich und kennest mich. Ich sitze oder stehe auf, so weißt du es; du verstehst meine Gedanken von ferne. Ich gehe oder liege, so bist du um mich und siehst alle meine Wege. Denn siehe, es ist kein Wort auf meiner Zunge, das du, HERR, nicht alles wissest. Von allen Seiten umgibst du mich und hältst deine Hand über mir. Solche Erkenntnis ist mir zu wunderbar und zu hoch; ich kann sie nicht begreifen. Wo soll ich hin gehen vor deinem Geist, und wo soll ich hin fliehen vor deinem Angesicht? Führe ich gen Himmel, so bist du da. Bettete ich mir in die Hölle, siehe, so bist du auch da. Nähme ich Flügel der Morgenröte und bliebe am äußersten Meer, so würde mich doch deine Hand daselbst führen und deine Rechte mich halten. Spräche ich: Finsternis möge mich decken! so muss die Nacht auch Licht um mich sein. Denn auch Finsternis ist nicht finster bei dir, und die Nacht leuchtet wie der Tag, Finsternis ist wie das Licht.“ (Ps. 139: 1-12)*

Streiche wiederum den irreführenden Begriff „Herr" aus dem Text und du hast die Essenz seiner Erkenntnis: Ich kann nirgendwo ankommen, wo mir nicht das begegnet, worin ich bereits hier bin. Selbst wenn ich vor ihm fliehen würde, würde ich ihm in die Hände laufen, weil es überall ist. Ob Tag oder Nacht, ob finster oder hell, das, was dunkel ist, ist in Wahrheit nicht finster, weil alles, alles, alles das Eine ist und daher ist selbst Finsternis wie der Tag. Himmel oder Hölle, fern oder nah, ich begegne in allem dem Einen. Denn da existiert nur das Eine, wie es auch äußerlich aussehen mag.

Es ist schlicht unmöglich außerhalb des Einen zu sein. Selbst dann, wenn es ein Außerhalb gäbe, wäre das, was außerhalb ist, jenes Eine. Da also nur das Eine existiert, sag mir, wie sollte das, was jeweils ist, nicht perfekt sein?

Wann bezeichnen wir etwas als perfekt? Immer dann, wenn es keine bessere Alternative gibt, nichtwahr? Nun, da alles, was ist, das Eine ist, gibt es niemals eine bessere Alternative als das, was jeweils ist.

Wenn ein Arzt Krebs im letzten Stadium diagnostiziert, ist das natürlich ein vernichtendes Urteil. Wenn dir aber klar ist, ich meine wirklich klar ist, nicht nur im Kopf, dass schlicht nichts anderes existiert als das Eine, wirst du zwar nicht frohlocken, aber auch nicht in Trauer versinken. Denn dir wäre klar, dass selbst der Tod nichts anderes sein kann als jenes einzige Eine.

Wenn alles das Eine ist, kannst auch du nichts anderes sein als das Eine. Egal ob du lebst oder stirbst, egal ob du reich oder arm, erfolgreich bist oder ein Loser.

Unsere Bewertungen sind keineswegs falsch, es ist schon in Ordnung, von Reichtum und Armut, von Erfolg und Misserfolg, Gerechtigkeit und Ungerechtigkeit zu sprechen. Und doch ist Dunkel und Licht nur das Eine. Erkennst du das, würde selbst das Dunkel zu Licht und die Nacht würde wie der Tag leuchten.

Werner Ablass
im Omega-Verlag

Leide nicht – liebe
Über die Liebe zur Liebe ohne Objekt

192 Seiten, geb.
mit Schutzumschlag
ISBN: 978-3930243303
€ 10,80

Liebe ist die Lösung

230 Seiten, geb.
mit Schutzumschlag
ISBN: 978-3930243327
€ 11,80

Gar nichts tun
und alles erreichen

288 Seiten, geb.
mit Schutzumschlag
ISBN: 978-3930243365
€14,00

Entzaubert
siehst du nur Liebe

192 Seiten, geb.
mit Schutzumschlag
ISBN: 978-3930243457
€ 11,50

Werner Ablass im

NO ONE VERLAG

Spielen statt Kämpfen

148 Seiten, Paperback.
ISBN: 978-3942634007
€ 14,90

Das Dilemma Gottes

148 Seiten, Paperback
ISBN 978-3942634014
€ 14,90

Seiten mit Aussagen, die ich schnell wiederfinden will:

Seite Nr.:	Verweis auf den Inhalt

Seite Nr.:	Verweis auf den Inhalt

Meine persönlichen **Merksätze:**